企业
资本赋能

从股权管理到并购上市

赵广义◎著

电子工业出版社

Publishing House of Electronics Industry

北京·BEIJING

内 容 简 介

任何一家公司想要获得更好的发展，实现规模扩张，都必须有资本作为支撑。可以说，资本运作的效果好坏将在很大程度上决定公司的成败。因此，资本运作是公司的头等大事。本书的策划和撰写聚焦资本运作，为读者介绍了股权分配、并购规划、公司上市等内容。

本书首先介绍股权管理，包括顶层设计、控制权之战、合理估值、股权博弈、投资者筛选、分阶段稀释股权、退出机制；其次讲解并购规划，旨在帮助读者解决并购过程中遇到的问题，规避并购风险；最后介绍 IPO 相关内容，助力公司安全、合法上市，并做好上市后的管理工作。

本书具有很强的实用性和可操作性，介绍了很多资本运作方面的重要知识，展现了资本对公司发展的赋能作用，非常适合企业家、创业者、高级管理者，以及其他对资本运作感兴趣的人阅读。另外，本书还介绍了一些经典案例，如拼多多的持股情况分析、西贝莜面村的创新式股权架构设计等，以帮助读者更好地进行资本运作实践。

图书在版编目（CIP）数据

企业资本赋能 ： 从股权管理到并购上市 / 赵广义著.

北京 ： 电子工业出版社，2024. 9. -- ISBN 978-7-121

-48271-7

Ⅰ. F272

中国国家版本馆 CIP 数据核字第 2024DV5824 号

责任编辑：张　毅
印　　刷：三河市鑫金马印装有限公司
装　　订：三河市鑫金马印装有限公司
出版发行：电子工业出版社
　　　　　北京市海淀区万寿路 173 信箱　　　邮编：100036
开　　本：720×1000　1/16　　印张：16　　　字数：258 千字
版　　次：2024 年 9 月第 1 版
印　　次：2024 年 9 月第 1 次印刷
定　　价：79.00 元

凡所购买电子工业出版社图书有缺损问题，请向购买书店调换。若书店售缺，请与本社发行部联系，联系及邮购电话：（010）88254888，88258888。

质量投诉请发邮件至 zlts@phei.com.cn，盗版侵权举报请发邮件至 dbqq@phei.com.cn。

本书咨询联系方式：（010）68161512，meidipub@phei.com.cn。

前言

多年前，有一个自称"发明家"的人设计了一款环保产品，这款产品与冰箱、空调中的制冷剂相似，但更环保。为了推广该产品，他注册了很多公司，并依靠自己的聪明才智研究出一种新型营销模式——通过免费更换制冷剂的方式，让酒店、餐厅、商场都使用他的产品。在免费模式的吸引下，产品很快就大范围传播开来，他的公司也在创业板成功上市。

但好景不长，公司上市后，产品的销售业绩并不理想。为了摆脱困境，这位"发明家"又想出更好的方法，即以整合制冷行业为目标，先通过自有资金和上市筹集到的资金不断收购中小型制冷公司，再对其进行合并，使原有业务得到夯实。

没多久，公司的业绩大幅提升，这位"发明家"赚得盆满钵满，成为制冷行业内极具影响力的知名企业家，可谓名利双收。

这个故事中蕴藏着一种很有价值、但很多人都不理解的思维：营销思维。无论这位"发明家"的产品有多好，如果他只想着如何把产品卖出去，那么他或许只能获得几百万元的回报。但他不仅将产品与新型营销模式结合起来，在股市中成功融资，还整合行业内其他同类公司的资源，使其为己所用。

在商业界，资本运作的底层逻辑其实就是"营销思维"。如今，资本已经成为经济发展不可或缺的因素。创业者想要获得成功，就必须认识到资本的价值，以便合理利用资本并正确运作资本，借助资本运作的力量，让公司的发展突飞猛进、更上一层楼。

然而，有多少创业者真正重视资本运作？又有多少创业者真正会资本运作？事实上，很多创业者在资本运作的过程中陷入困境。他们不清楚应该如何管理股权，也不知道怎样才能收购一家公司并与其合并，更不知道上市背后的准备工作竟如此繁杂。

对创业者来说，一本讲透资本运作，深入讲解股权、并购、上市相关知识的书就显得弥足珍贵。而本书就是这样一本极具价值的书。

本书的作者长期研究资本运作，非常了解现行资本体系与制度，曾经指导很多公司进行股权架构设计、并购，并帮助大量公司成功上市。在此过程中，作者积累了扎实的专业理论知识和丰富的实践经验，并将精华内容整合、总结为文字，形成本书。

为了输出更有价值的干货，本书摆脱资本家的立场，站在创业者的角度介绍资本运作的相关知识。另外，本书打破传统的理论束缚，引入一些颇具代表性的经典案例，按照现代的思维方式创作而成，内容简单易懂、可读性强，旨在帮助创业者打造一家资本持续增长的公司。

知识无涯，加之时间仓促，书中难免存在疏漏之处，恳请读者指正。

目录

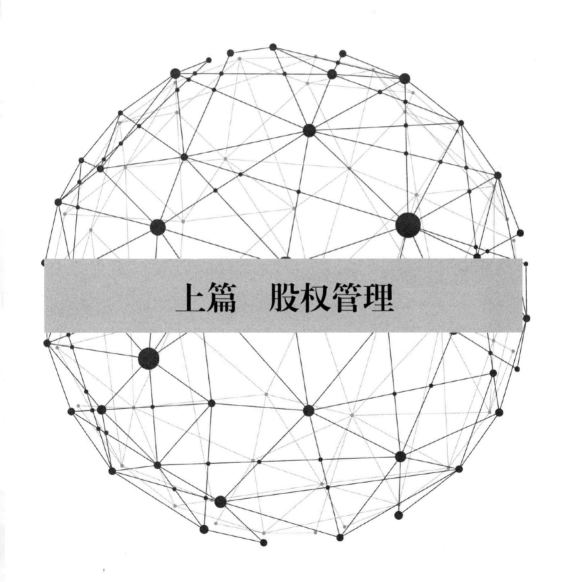

上篇　股权管理

第1章
顶层设计：揭秘股权管理核心

对任何一家公司而言，股权都起着举足轻重的作用。股权管理是否到位，将直接影响创业者的话语权和控制权，从而影响公司的生存与发展。目前，因为股权问题，很多公司形成"三足鼎立"，甚至"群雄争霸"的局面，导致创业者在做决策时受到掣肘。为了不让自己身陷囹圄，创业者应该重视股权管理，积累丰富的股权管理知识。

1.1 创业者必须懂股权管理

有些创业者面临无法获得投资、员工经常离职、公司无法上市等问题，其实之所以出现这些问题，很大一部分原因是创业者没有充分认识到股权管理的重要性。而那些成功创业、公司蒸蒸日上的创业者，都十分关注股权管理，并通过科学的股权架构设计牢牢掌握对公司的控制权。由此可见，创业者一定要懂股权管理。

1.1.1 价值分析：统一人心与利益

随着经济的发展，人们在物质方面更富足，与此同时，人们的精神需求越来越重要。这在职场中表现为，越来越多的员工不再只是为钱工作，而是更关心自己能否与公司"同生死，共患难"。更准确地说，就是员工希望与公司成为利益共同体。

员工与公司成为利益共同体的前提是共享利益和共担风险。在传统的雇佣制下，员工获得固定的工资及绩效奖金；而如果将股权发放给员工，员工就成为持有股权的"小股东"。从管理层面来看，公司需要这种市场化的利益分配机制。这种机制能帮助公司达到"人人都是自己的CEO"的效果，而且兼顾了激励性和约束性。

如今，很多公司都通过发放期权、限制性股票、虚拟股票等方式激励员工，充分调动员工的积极性，从而有效地将公司的整体利益和员工的个人利益结合起来，使员工为公司的长远发展贡献自己的力量。例如，用友网络就实施了股权激励计划，使业绩获得了稳定增长，激励对象也获得了丰厚的回报。由此可见，股权已经成为公司激励员工的重要手段。

华为现在已经跻身全球顶尖公司行列，其发展速度之快在全球范围内也很少见。为什么华为可以获得迅猛发展？

其一，员工持股制度让员工更死心塌地地工作。当员工成为股东，自己的利益与公司的利益高度一致时，二者的命运便休戚相关。

其二，员工拥有与公司相似的使命和价值观。自成立以来，华为就一直坚持"只对准通信领域这个'城墙口'冲锋"的战略。在只有几十名员工时，华为就专攻通信领域。如今，华为在全球范围内拥有几十万名员工，但它依然不改初心，在通信领域不断加大研发投入，实现了水平在世界范围内遥遥领先。

其三，华为多次面临生死存亡的考验，但凭借全体员工对华为文化的认可和信赖，华为经受住了考验，成为如今极具战斗力的团队。

以上三个原因让华为和员工形成利益共同体，员工凝聚在一起，共同努力，共同奋斗。在这个共同体中，全体员工一荣俱荣、一损俱损。华为让员工持股，就是希望以此激发员工的斗志，让他们为公司的发展壮大而努力。

利益核心和精神核心结合在一起，就会形成极强的推动力，员工与公司也就成为利益共同体。久而久之，整个团队都会奋发向上，无论面对什么风雨，都会岿然不动。

1.1.2 对象分析：谁应该获得股权

从宏观层面来看，股权是股东持有的各种权利的集合，包括投票权、分红权、知情权、经营决策权、选举权、优先受让权、优先认购权等。要对股权进行有效管理，创业者就需要重视顶层设计，即想好为谁分配股权、谁能成为股东。

1. 创始人

创始人即创业者自己，负责引领公司的发展方向，在股权方面追求的是控制权。因此，在公司创立早期，创业者进行股权架构设计时就必须考虑自身的控制权，比较好的方法是创业者获得大部分股权（通常是合伙人股权的 2～4 倍）。进行多轮融资后，创业者的股权会被稀释，但尽量不要低于 30%，以保证对公司的控制权。

2. 合伙人

合伙人是创业者的追随者，合伙人与创业者的理念、价值观往往是高度一致的。大部分合伙人都认为自己是公司的所有者之一，希望能获得一定的话语权。因此，创业者应拿出一部分股权分配给他们，通常是 8%～15%。

3. 投资者

投资者希望获得高净值回报，也希望在遇到好项目时可以快速进入和快速退出。因此，在融资时，投资者要求获得优先清算权、优先认购权等权利是合理的。在股权分配方面，投资者的股权比例应该为 5%～15%。当然，如果是需要大量融资的高科技公司，投资者的股权还可以更多一些。

4．员工（管理层）

管理层等核心员工需要的是分红权。在公司进入高速发展阶段后，管理层发挥的作用非常大。为了激励他们，创业者在早期设计股权架构时就应该预留一部分股权。另外，无论是上市还是融资，证监会、投资机构都很看重管理层的能力和稳定性，这就要求创业者为管理层分配部分股权，通常是 10%~25%。

引进合伙人、进行融资、对员工进行激励等都离不开股权。随着公司的发展，股东可能越来越多，创业者的股权比例会随之降低。为了保证自己对公司的控制权，巩固自己的实际控制人地位，创业者提前进行股权架构设计、明确谁应该获得股权是很有必要的。

1.1.3 风险分析：股权管理六大雷区

股权管理做得好，不仅能帮助公司建立竞争优势，还能推动公司的业绩实现指数级增长。但有些创业者因为缺乏经验，在股权管理的过程中不慎掉入了陷阱，影响了公司的发展和团队的进步。下面总结了股权管理六大雷区，创业者可以从中吸取教训，如图 1-1 所示。

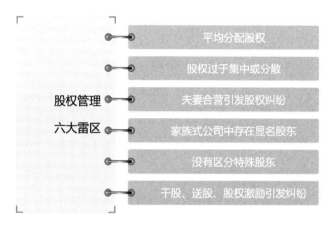

图 1-1 股权管理六大雷区

1. 平均分配股权

平均分配股权是指大股东之间的股权比例十分接近，这会导致公司出现没有小股东或小股东的股权比例非常低的情况，从而形成股东僵局，甚至影响股东会的决议。另外，股权比例接近还容易导致股东之间产生纠纷，使控制权与利益索取权失衡。

以真功夫为例，早期，其股东的股权比例如下：潘宇海持股 50%，姐姐潘敏峰、姐夫蔡达标分别持股 25%。随着公司不断扩张，三人没有按照实际情况对股权进行重新分配，结果到了后期，蔡达标的股权增加，和潘宇海之间产生了纠纷。

最后，蔡达标把潘宇海赶出核心团队，而潘宇海则状告蔡达标非法挪用资产，导致蔡达标被逮捕。这不仅影响了公司的发展，还阻碍了公司的资本运作计划。

2. 股权过于集中或分散

有些公司自始至终由创业者掌握全部股权，既不对员工实施股权激励，也不引入合伙人和投资者。在一股独大的情况下，监管机构会认为公司的股权架构不科学，从而影响上市进程。因此，创业者应该拿出少量股权用于对员工进行股权激励并引入外部资本。

股权集中不可行，股权分散同样存在隐患。很多公司因为缺少资金而引入外部资本，导致创业者的股权被稀释。一般来说，创业者的股权比例不低于 40%，就不会对上市产生影响。即使股权比较分散，创业者也要保证自己拥有大部分股权。

3. 夫妻合营引发股权纠纷

在夫妻合营的公司中，股东的意见很容易达成一致，较少出现管理僵局。但夫妻合营公司面临的风险很多，如公私不分、财产混同、法人人格被否认等。更重要的是，一旦夫妻感情破裂，股权之战、控制权之战就不可避免。为了解决这些隐患，夫妻双方可以在公司章程中约定经营权与收益权分离，同时需要约定继承权事宜。

4. 家族式公司中存在显名股东

家族式公司中经常出现这样的情况：让家族成员在市场监督管理局登记成为股东。但很多时候，这些登记的股东其实根本没有出资，而真正出资的股东却不显名登记。这些没有出资却进行工商登记的股东被称为显名股东。如果公司出现问题，显名股东执意出售代持的隐名股东的股权，或者在重大决策上忽视隐名股东的意愿，则容易引发矛盾。

5. 没有区分特殊股东

根据相关政策，工会、职工持股会不能成为公司的控股股东和实际控制人。如果公司通过新三板上市，那么一些特殊股东，包括契约型基金、资产管理计划、信托计划可以在审核清楚后保留下来；如果公司不是在新三板上市，那么这些特殊股东将无法保留。另外，在职公务员、党员领导干部、基金会、民办非企业单位等不可以成为公司的股东。

6. 干股、送股、股权激励引发纠纷

有些公司为了留住人才，使用干股、送股、股权激励等方法，但若这些方法使用不当，就会引发风险。干股有没有法律效力？是送股还是股权转让？什么时候发放股权？这些问题处理不当都容易引发纠纷。

1.2 将股权管理纳入经营战略

鉴于股权管理的价值日益凸显，很多公司都将其纳入经营战略。股权管理与经营战略相结合，有利于在创业者、合伙人、投资者、员工等利益相关者之间形成一张"利益网"，把他们凝聚成利益共同体，将一个人的梦想变成一群人的梦想。这样大家朝着一个方向努力，经营战略就可以尽快落地，股权管理的效果也会更好。

1.2.1　所有公司都要有股权架构吗

股权架构能够展现公司的股权归属和分配情况，涉及股东、股权份额、股东权益、股权转让等多个方面。很多创业者存在疑惑，股权架构是所有公司必需的吗？对大多数公司来说，有股权架构当然比没有更好，原因有以下几点。

第一，合理的股权架构可以明晰股东之间的权、责、利，体现股东为公司做的贡献，使股东获得与付出相匹配的回报，从而充分调动股东的积极性。

第二，公司有股权架构，就势必会有配套的退出机制，这可以在一定程度上避免股权纠纷，消除潜在风险，使公司获得更稳定的发展。

第三，公司进行融资，创业者及创始团队的股权会被稀释。科学的股权架构有利于保护创业者及创始团队对公司的控制权，同时可以有效避免公司出现股权僵局或股权纠纷。

第四，无论公司是在主板、创业板还是在新三板上市，前提都是要有明晰、稳定的股权架构。因此，设计科学的股权架构，有利于公司顺利进入资本市场。

第五，股权架构除了可以解决股权分配等方面的问题，还可以对接公司生存、发展所需的各种资源。将这些资源合理地整合并利用起来，可以实现公司与利益相关者之间的共赢。

总之，股权架构对公司的生存和发展至关重要。创业者应设计匹配公司实际情况的股权架构，没有必要设计十分复杂的股权架构。例如，顺丰那种多重防火墙式的股权架构，就不适合中小型公司使用。

不过，如果创业者只想开一家小公司，既不想将公司做大、做强，也不想引入外部资本、技术等资源，就可以先不设计股权架构。或者如果创业者对员工的工作态度和工作积极性不太看重，也不在乎公司盈利多少，那么也可以不设计股权架构。但是真的有这样的创业者吗？现实中很少，甚至没有。因此，对大多数创业者而言，股权架构是一种必需品。

1.2.2　股权管理要与组织相匹配

应该将股权管理纳入经营战略，而经营战略往往是与组织的发展相匹配的。因此，股权管理也要与组织的发展相匹配，即在设计股权架构时，创业者应该考虑公司的使命与愿景、发展战略与业务布局、控制权与决策权的分配等因素，同时需要平衡股东之间的利益，以提高公司的管理水平和监管效率为目标，推动公司快速发展。

（1）使命与愿景。在设计股权架构时，创业者应该考虑公司的使命与愿景，通过合理的股权分配，激发股东的活力，推动公司实现长久发展。

（2）发展战略与业务布局。股权架构必须与公司的发展战略保持高度一致。在为股东分配股权时，创业者需要充分考虑股东对公司所做的贡献，衡量其战略价值。同时，创业者要考虑股东对业务布局的影响，以保证公司的预期目标可以按时完成。

（3）控制权与决策权的分配。在任何一家公司中，控制权与决策权的归属都必须明晰、清楚。创业者可以通过调整股权比例，为股东合理分配控制权与决策权，以免出现股权过于集中或过于分散的情况，影响公司的正常经营。

（4）股东之间的利益平衡。在设计股权架构时，创业者需要充分考虑股东之间的利益平衡，尽量保证每个股东都可以在公司中发挥优势和最大价值，为公司的生存和发展保驾护航。

（5）管理体系与监管机制。稳定的股权架构背后一定少不了良好的管理体系与监管机制。在为股东分配股权前，创业者要明确公司的管理体系，制定健全的监管机制，以保证股东的权利得到充分保障。另外，股东受到一定的限制，也不容易做出伤害公司的事。

例如，腾讯使用分层控股模式进行股权架构设计。在腾讯，以创始人马化腾为首的骨干团队持有大部分股权。同时，腾讯还设立了离岸公司，签署了股权代持协议，实现了控制权的集中。这种分层控股模式还能保证股权的开放性和流动性，为腾讯的融资提供了便利。

对腾讯来说，只要实现控制权的集中，就可以保证公司的战略方向不偏离，使公司稳定地发展下去。而且因为使用了分层控股模式，所以腾讯的管理体系更透明、公开，这样在上市的过程中，腾讯就能获得更多的资本支持，股价也会有所提升。

如今，技术更新换代的速度非常快，市场也在不断变化，几乎所有公司，尤其是腾讯这种高新技术公司，更需要有灵活、开放的股权架构。只有这样，公司才可以在不确定性极强的环境中及时调整资源配置，创造并把握发展机会。

1.2.3　以战略思维管理股权

为了谋求发展，很多创业者都会思考这样一个问题：在激烈的市场竞争中，如何使公司的资源发挥最大价值？其实这个问题就反映了创业者的战略思维。想要将战略思维应用于股权管理，创业者需要放眼全局，对股权进行统筹规划。

第一，以战略思维对股权架构进行顶层设计。

如果不将股权管理提高到战略层面，那么精心设计出来的股权分配方案很可能无法满足公司长期发展的需求。因此，在进行股权架构设计前，创业者需要明确以下几个问题。

（1）公司的发展战略是什么？

（2）如果公司有上市计划，那么股权分配方案应该如何设计和调整？

（3）公司的业务如何安排？

（4）团队的职能如何完善？

（5）在发展战略落地时，应该如何分配股权？

只要将上述问题考虑清楚，股权架构设计就有了目标和方向，从而能更好地推动发展战略的落地。

第二，突出并放大公司的优势。

创业者需要了解与其他公司相比，自己的公司有哪些优势，并将这些优势放大。具体来说，创业者应该瞄准公司所处领域，对市场进行细分，并在分析竞争对手的基础上进行差异化定位。

有了差异化定位，公司更容易脱颖而出，创业者也可以根据定位开展团队组建、规模扩张等工作。公司的业务足够聚焦、团队足够专业，那么发展战略的落地就有了保障。在此基础上进行股权架构设计也更有针对性，更能对公司的长久发展起到积极作用。

1.3 商业巨头的股权管理之道

有些商业巨头之所以能在股权管理方面取得成功，是因为明确了创始人、骨干团队、投资者等利益相关者之间的权、责、利，并始终确保创始人拥有对公司的控制权。下面将对滴滴、拼多多、西贝莜面村、华为、五菱汽车的股权管理之道进行深入分析，创业者可以去粗取精，从中获取值得借鉴的成功经验。

1.3.1 滴滴：价值数百亿美元的股权管理经验

滴滴是我国知名的出行科技公司，刚成立时，其股权架构是天使投资者王刚持股 40%，创始人程维持股 30%，一名 CTO（Chief Technology Officer，首席技术官）

持股 30%。

经过一段时间的发展，滴滴开始进行股权架构调整。虽然当时滴滴的账面上只有 100 万美元，但王刚和程维为了让已经无法胜任岗位的 CTO 离开公司，花费了 240 万元回购其股权。这个成本是比较高的。

后来，滴滴进行了多次融资，股权架构发生了巨大变化：总裁柳青获得了部分股权，腾讯、阿里巴巴、中投公司、富士康、软银、丰田等则成为滴滴的股东。长期以来，滴滴的融资都以轮次多、金额大著称，甚至被创投界人士戏称"一张 A4 纸根本放不下所有股东的信息"。

2021 年 6 月，滴滴正式向美国证券交易委员会提交上市招股书，计划以"DIDI"为股票代码在纽约证券交易所挂牌上市。随着招股书的披露，滴滴的股权架构也公之于众。

根据招股书上的信息，上市前，CEO（Chief Executive Officer，首席执行官）程维持有滴滴 7%的股权和 15.4%的投票权；总裁柳青持有 1.7%的股权和 6.7%的投票权。在机构投资者中，软银持有 21.5%的股权和 21.5%的投票权，是滴滴的第一大股东。那么，滴滴是不是成了软银的滴滴呢？当然不是。

实际上，程维和柳青作为滴滴的核心人物，早就已经通过二元制股权架构在股权被稀释的情况下牢牢掌握控制权。

二元制股权架构即 AB 股。其中，A 股每股代表 1 票投票权，B 股每股代表多票投票权（一般每股代表 10 票投票权）。程维和柳青持有的是 B 股，普通股东持有的是 A 股。这样在需要对重大决策进行投票时，程维和柳青能够拥有大部分投票权。

截至 2023 年 12 月 31 日，程维的股权比例为 6.5%，持有 28.1%的投票权；柳青的股权比例为 1.6%，持有 19.5%的投票权。二人共计持有 47.6%的投票权。也就是说，创始人和高管团队依然牢牢地把控着滴滴。

通过上述滴滴的案例我们可以知道，不同的"分蛋糕"方法会影响每个人获得的"蛋糕"大小。如果滴滴从一开始就把股权当作白菜来发放，那么软银等投资者以及一些高素质人才就进不来，从而影响公司的正常发展。

因此，在设计股权架构、为股东分配股权时，创业者一定不能短视，而是要围绕公司未来需要的能力和资源等要素进行综合考虑。

1.3.2 拼多多：黄峥是第一大股东，拥有大量投票权

拼多多采用的也是 AB 股制度，B 股每股代表 10 票投票权，由创始人黄峥唯一持有。截至 2020 年 4 月，拼多多的创始人黄峥持有拼多多 43.3%的股权，对应的投票权为 88.4%；腾讯持有 16.5%的股权和 3.4%的投票权；高榕树资本持有 7.7%的股权和1.6%的投票权。从股权比例来看，黄峥是拼多多最大的股东，掌握着对拼多多的控制权。

黄峥持有的拼多多 43.3%的股权主要由三部分构成：一部分由他自己持有，一部分通过 Pure Treasure Limited 公司持有，还有一部分通过 Walnut Street Management, Ltd.公司持有。这两家公司都由黄峥控制，但也有其他小股东。

2020 年 7 月，拼多多的股权架构发生了重大变化。黄峥发布致全员信，宣布卸任CEO，仍担任董事长。同时，黄峥的股权比例由 43.3%降至 29.4%，投票权由 88.4%降至 80.7%。

在黄峥减持的这些股权中，有一部分股权的授予对象是拼多多的合伙人集体，以支持他们进行业务研究和社会公益等方面的探索，为拼多多的发展提供动力。还有一部分股权黄峥以补充激励的名义留给了未来管理层，这种做法似乎在模仿阿里巴巴。

阿里巴巴以合伙人制度闻名。在阿里巴巴赴港上市的招股书中，合伙人一共有 38人。这些合伙人在阿里巴巴担任要职，牢牢地掌握着对阿里巴巴的控制权。拼多多效

仿阿里巴巴引进合伙人制度，目的是解决接班人问题，避免核心人物离职或出现"青黄不接"的现象。

2021 年 3 月，黄峥辞去了董事长职位，其拥有的 1∶10 的超级投票权也随之失效了。不过，他承诺自己名下的股权在未来三年内将继续锁定，不会出售。

那么，退居二线的黄峥，还能影响拼多多的发展吗？他还是拼多多的领头羊吗？其实如果分析拼多多近几年的发展轨迹和经营战略，就可以知道他的离开并没有给拼多多带来特别大的实质性冲击，拼多多也一直在按照他设计好的路径稳定地发展。

2023 年 4 月，电商公司拼多多向美国证券交易委员会递交了年度报告。年度报告中的数据显示，截至 2023 年 2 月，拼多多的创始人黄峥持股 26.5%，腾讯持股 14.7%，拼多多的合伙人集体持股 7%，拼多多的管理层共同持股 1.2%。从股权比例来看，黄峥仍是拼多多的第一大股东。

1.3.3　西贝莜面村：合伙人计划+创业分部+赛场制

如果盘点近年来餐饮界的黑马，西贝莜面村（以下简称"西贝"）一定赫然在列。西贝的迅猛发展引人深思，其一举一动受到广泛关注。

在股权管理方面，为了激励员工，西贝独创了合伙人计划。西贝的每家门店都可以获得部分股权，作为大股东的贾国龙夫妇则带头向下分红，即每年拿出 50% 以上的分红作为奖金发放给各门店。

另外，贾国龙还对门店老板、总部高管提出了要求：如果年收入高于 1000 万元，则需要拿出超出部分的 50% 来激励团队中的奋斗者和业绩冠军。这种做法其实是在向下分红，可以让处于头部位置的大股东少拿一些收益，让底下的员工获得更多的回报。

除了合伙人计划，西贝还有极具特色的"创业分部+赛场制"方案。

（1）创业分部。创业分部以每个分部的总经理为核心设立，分部的名称甚至能以总经理的名字命名。在西贝，每一个创业分部都是合伙人，享有分红权。截至 2023 年 7 月，西贝一共有 10 多个创业分部，一些分部的年营业额超过 10 亿元。

（2）赛场制。为了激发内部活力，鼓励良性竞争，西贝总部每年都会为合格的分部发放"经营牌照"，并根据利润、客户评价等指标对分部进行考核和全国大排名。考核结果不好、业绩排名靠后的分部的"经营牌照"会被收回，西贝会将其发放给新设立的分部。但这并不意味着表现欠佳的分部就会立刻"下岗"，西贝会将这些分部中的员工重新分配到其他分部，让员工获得新股权。

需要注意的是，分部会以季度为周期进行比赛并排名，排名结果分为 A+、A、B、C 4 个等级。只有获得 4 个 A 或两个 A+的分部，才可以获得一张"经营牌照"。这样不仅可以很好地控制门店扩张的速度，还可以保证门店的食品品质和服务质量。

西贝把创业分部和赛场制结合起来进行股权架构设计，可以极大地推动组织的发展，激发员工的工作积极性，提升员工的执行力。虽然西贝的激励规则比较直接、简单，但效果很好，值得其他公司，尤其是中小型公司学习和借鉴。

1.3.4 华为：创始人和员工的"较量"

在我国，华为的股权架构设计可以称得上空前绝后。从成立以来，创始人任正非和工会的股权比例一直随着员工持股计划的开展不断变化。任正非的股权逐渐被稀释，最后只剩下不到 1%。这种股权架构看似比较奇怪，但其实是顺势而为、自然演进的结果。

初创时，华为遇到了很多问题，如成本高、资金回流慢、缺少融资渠道等。为了解决这些问题，1990 年，华为使用从内部借钱的方法，即员工持股制度。员工以

1 元/股的价格购买华为的股票。此外，华为还控制着与客户一起成立的合资公司，这些公司的员工也有认购股票的资格。在融资困难的初期阶段，华为依靠这种方法渡过了难关。

1997 年，华为对员工持股制度进行改制，完成了第一次增资。随着效益逐渐提高，华为的股权架构设计主要以激励员工为目的。当时，华为已经形成了任正非和工会并立的股权架构，员工手里的股权由工会集中代管，并代行表决权。

2001 年，华为实施虚拟股票期权计划。2008 年，华为对虚拟股票期权计划进行调整，推出饱和配股制。在饱和配股制下，员工的配股是有上限的，每个级别的员工达到上限后，便不再享受配股。这样可以限制股权比例高的老员工，并为激励新员工留下了更大的空间。

2013 年，华为推出 TUP（Time Unit Plan，时间单位计划），即奖励期权计划。该计划规定配股的有效期为 5 年，5 年后配股清零，员工必须通过努力工作来换取更多期权，这样有利于对员工进行更长久的激励。

如今，华为的最大股东是工会委员会。随着华为的不断发展，工会的规模越来越大。值得一提的是，任正非虽然只有很少的股权，但仍然控制着华为，因为他有一票否决权。不过他曾经在接受媒体采访时表示，他并没有使用过这个权利。

此外，华为员工获得的是虚拟股票，即只有分红权，没有实权。即使如此，华为能把 99% 左右的股权都拿出来分给员工，表明其是在真正为员工的利益着想。

华为的股权架构设计是顺势而为的无奈之举，但其中也不乏紧跟发展潮流的制度创新。总之，好的股权架构设计应该是以公司的实际情况为基础逐步摸索出来的，而且要不断创新、随机应变。因此，其他公司要正确认识和评价华为的股权架构设计，不能盲目模仿。

1.3.5 五菱汽车：艰苦卓绝的股权之争

五菱是我国知名的汽车品牌，手握出色的销售网络和质量可靠的汽车，却始终缺乏自主核心技术，导致盈利难以实现大的增长。幸运的是，上汽通用看中了五菱的巨大潜力，决定和美国通用合作，在资金和技术方面为五菱提供帮助。

三家公司的合作产生了奇妙的化学反应，上汽通用五菱公司应运而生。经过一段时间的发展，上汽通用五菱公司逐渐成为微型商用车市场的佼佼者，利润不断上涨。

在上汽通用五菱公司中，上汽通用持有 50.1%的股权，美国通用持有 34%的股权，而五菱只获得了 15.9%的股权。不过依靠股权分红，五菱每年也能获得上亿元的收益。但五菱不只追求眼前的回报，而是希望将柳州地区的汽车产业发展起来。因此，在合作的过程中，五菱向上汽通用销售发动机和汽车零部件，上汽通用则为五菱提供整车。二者相辅相成，共同进步。

美国通用看到五菱发展得越来越好，对它"虎视眈眈"，希望"吞掉"它持有的 15.9%的股权，让自己的股权达到 49.9%。为了实现自己的目的，美国通用特意招聘了一位专业的谈判高手，以便在上汽通用和五菱之间制造裂痕，进而让五菱愿意被收购。

为了解决被美国通用收购的问题，也为了保护自己的品牌，五菱决定反抗到底，想方设法地阻止收购的进行。在五菱的反抗下，收购谈判一度陷入僵局。面对美国通用施加的压力，五菱一直坚持自己的底线——所有合作必须符合公司的发展战略和利益。

经过多次谈判，五菱认为可以出让股权，但品牌必须留在柳州，这一点是绝对不会妥协的。最后，美国通用做出了让步。双方达成了协议：上汽通用依然持有 50.1%的股权；美国通用收购五菱 10%的股权，股权增加到 44%；五菱的股权从 15.9%下降为 5.9%。

虽然股权少了，但五菱成功地将自己的品牌留在了柳州，柳州政府有权决定是否将该品牌授权给上汽通用五菱公司使用。而且根据协议，上汽通用五菱公司将为柳州投资 80 亿元，用于建设汽车生产基地。该基地专门生产宝骏汽车，预计年产量可以达到 40 万辆。

至此，股权之争正式结束，五菱守住了自己的底线。

第 2 章

控制权之战：牢牢把握先机

控制权是创业者的底线，其他股东可以参与公司的经营与管理，但要适度。如果创业者和其他股东分为两派，双方各执一词，那么所有决策都很难执行。因此，在公司的控制权问题上，创业者绝对不能让步。

2.1 从三个层面理解控制权

很多创业者都对融资有着迫切的需求，但是无法处理好控制权的舍与留。出现这种情况的原因之一是他们没有真正理解控制权。如果创业者能从股权、创始人、投资者三个层面对控制权进行深度剖析，就会明白一个道理：控制权一定要掌握在自己手中。

2.1.1 股权层面的控制权

真功夫的控制权之争在业界受到广泛关注，一些没有股权管理经验的人认为这只是家族内斗，实际上这是创始人潘宇海在创业初期不懂股权分配、平分股权而留下的隐患。后来，真功夫的规模越来越大，蔡达标通过接手前妻潘敏峰的股权、控股中山联动，使自己的股权比例超过潘宇海，获得了对公司的实际控制权。而心有不甘的潘宇海起诉蔡达标非法挪用公司资产，把蔡达标送进了监狱。

通过上述案例我们可以看出，如果创始人在创立公司的初期没有科学地设计股权架构，那么最后自己辛苦经营的成果可能被他人获取。

因此，创业者一定要确保无论公司如何发展，控制权始终牢牢掌握在自己手中。创业者还要明白，在股权分配问题上，契约和规则尤为重要。

股权分配的一个重要原则就是一定要有一个拥有控制权的大股东。为什么呢？以牧羊为例，一个牧羊人在放羊时只需要牵住头羊，身后数十只自由行走的羊就不会走丢。公司的发展也是同样的道理，由一个拥有话语权的人带领团队，团队成员就会朝同一个方向前进。当股东的意见不统一时，股权比例高的人一旦下定论，其他人也无权反对，能省下很多开会争执的时间用来发展业务。

对一般的创业公司来说，创始人的股权比例不应低于 51%，最好在 67% 以上。这样如果股东在公司决策上出现了矛盾，创始人就可以凭借拥有绝对控制权做出最终决策。

随着公司的发展壮大，股权分散不可避免，如何牢牢掌握对公司的控制权是创业者需要认真思考的问题。在信息化时代，大多数我们熟悉的公司的创始人，如京东的刘强东、腾讯的马化腾等在公司中的实际占股并不多。

根据京东 2020 年年度报告，刘强东在京东所持的股权只有 13.9%。基于这个股权比例，刘强东不仅没有绝对控制权，甚至连一票否决权都没有。但实际情况是，刘强东掌握着京东 76.9% 的投票权。而腾讯虽然通过黄河投资有限公司持有京东高达 16.9% 的股权，成了京东的第一大股东，但是只有 4.6% 的投票权；沃尔玛持有京东 9.3% 的股权，但是只有 2.5% 的投票权。

刘强东是怎么做到拥有对京东的绝对控制权的呢？原因是京东实行 AB 股，即二元制股权架构。以刘强东为主的京东的核心成员所持股票属于 B 股，1 股拥有 20 票投票权；而以腾讯旗下的黄河投资有限公司为主的其他京东股东，所持股票属于 A 股，1 股只拥有 1 票投票权。

在许多公司中，创始人为了保持对公司的控制权，通常会采取"同股不同权"的方式。正是这种方式让刘强东获得了远高于其所持股权比例的投票权。由此可见，通过股权比例行使投票权，从而掌握对公司的控制权，是创业者在公司发展初期掌握控制权的有效方法。但当公司发展壮大，现有股权分配方案无法让创业者获得绝对控制权时，创业者则需要寻找其他出路。

2.1.2　创始人层面的控制权

最优公司治理结构要求创始人牢牢掌握对公司的控制权。经济学教授张维迎在《产权、激励与公司治理》一书中说过："最优公司治理结构应当是一种状态依存的控制结构，也就是说，控制权应当与公司的经营状态相关，不同状态下的公司应当由不同的利益要求者控制。"

在公司中，创始人通过控制权树立权威，直接负责经营公司，推动公司的进步与发展。有些创始人并没有持有多数股权，却掌握着对公司的控制权，似乎违反了"资本多数决"原则（在股东会上，股东按照其所持股权或出资比例对公司的重大事项行使表决权，经多数股东表决通过，才能形成决议）。

事实果真如此吗？其实，创始人的股权比例低却掌握控制权，是非人力资本提供者基于对人力资本提供者的经营与决策能力的认可而做出的让步，是利益双方自愿达成的协议。而且，严格遵守"资本多数决"原则，对创始人及其团队的激励作用不是很大。从这个角度来看，只有由创始人牢牢掌握对公司的控制权，才有助于形成最优公司治理结构。

2.1.3　投资者层面的控制权

投资者的加入会对公司的股权架构产生影响，即创业者的股权会被稀释，可能出现控制权旁落的情况。史蒂夫·乔布斯（苹果公司的创始人）、埃隆·马斯克（特斯拉公司的创始人）都有过不得不离开自己创办的公司的经历，这充分体现了控制权的关键作用。

Facebook 的二元制股权架构设计，再加上表决权代理协议的签订，使创始人马克·扎克伯格牢牢掌握控制权，能决定公司的发展战略和经营方向。正是因为如此，Facebook 才能成为市值超高的互联网巨头。

总而言之，创业者要保证控制权不旁落。但在这个过程中，投资者也许会是一个比较大的"障碍"，他们不希望创业者独揽大权，以防止自己赔得血本无归。因此，在实际操作时，创业者究竟能否将控制权掌握在自己手中，在一定程度上取决于和投资者的谈判。

为了平衡自己与投资者之间的利益，最大限度地保证自己的控制权，创业者可以设置优先认购权。例如，某公司创业者的股权是 10%，后来有投资者进入，投资者获得 10%的股权。如果创业者没有优先认购权，那么其股权会被稀释；如果创业者有优先认购权，那么他可以优先认购一部分股权以保护自己的权益。此时，创业者的股权虽然会被稀释，但不会被稀释得过于严重。

总体来说，优先认购权可以在创业者、投资者出价没有太大差别的情况下，保证投资者不能比创业者获得更多的利益。在融资时，很多创业者都主张通过该权利保护自己，这样不仅可以防止自己的股权被过度稀释，还有利于激励投资者以更高的价格进行后续的投资。

2.2　控制权生命线：守住你的公司

不同股权比例的重要性不同，对控制权的影响也不同。与股权比例相关的有八条重要的控制权生命线，下面分别对它们进行讲解。

2.2.1　67%：绝对控制线

67%代表超过 2/3 的投票权。只要公司章程中没有特殊规定，掌握 67%的股权，创业者就能做出修改公司章程，合并、分立、解散公司，变更公司形式等重大决策。这条生命线适用于有限责任公司、股份有限公司，是创业者应该重点关注的，以确保自己始终拥有对公司的控制权。

2.2.2　51%：相对控制线

51%代表超过一半的投票权，被称为"相对控制线"。只要公司章程中没有特殊规定，在股东按照出资比例行使表决权的情况下，掌握 51%股权的创业者可以主导一些简单事项的决策，如聘请独立董事，选举董事、董事长，聘请审议机构，聘请会计师事务所，聘请/解聘总经理等。

即使后期公司上市、经过 2 ~ 3 次股权稀释，创业者还可以控制公司。这是创业者退而求其次的生命线。这条生命线适用于股份有限公司，有限责任公司可自行约定。

2.2.3　34%：安全控制线

如果创业者持有的股权不超过 51%，就需要把股权控制在 34%以上的安全控制线上。当创业者拥有 34%的股权时，其他股东就无法拥有 2/3 的投票权。这样即便创业者没有绝对控制权，也拥有一票否决权。

但需要注意的是，一票否决权通常只对关系到公司生死存亡的重大决策起作用。对于简单事项的决策，创业者没有一票否决权。34%是创业者的安全生命线，适用于有限责任公司、股份有限公司。

2.2.4 30%：上市公司要约收购线

30%被称为"上市公司要约收购线"。顾名思义，这条生命线只适用于特定条件下上市公司的股权收购。通常，在收购人持有上市公司的股票达到该公司已经发行股票的30%时，如果希望继续增持股票，则应该采取要约的方式进行，即发出全面要约或部分要约。

收购上市公司分为协议收购和要约收购两种。与协议收购相比，要约收购需要经过更多环节，操作程序更加繁杂，收购成本也更高。一般来说，这条生命线适用于已经上市的股份有限公司，而不适用于有限责任公司。

2.2.5 20%：重大同业竞争警示线

20%这条生命线没有确切的法律依据，但根据行业默认的规则，在一家公司持股超过20%的股东，不能在同行业其他公司工作或任职。因为双方构成或可能构成直接或间接的竞争关系。这条生命线适用于已经上市的股份有限公司。

2.2.6 10%：临时会议发起线

单独或合计持有公司10%以上股权的股东有权提议召开临时股东会会议，董事会、监事会应在收到股东请求之日起10日内做出是否召开临时股东会会议的决定，并以书面形式答复股东。

由于股份有限公司的特殊性，因此其发起临时会议通常具有强制性。而有限责任公司根据内部约定，持股 10%享有提议召开临时股东会会议的权利并不具备实际意义。另外，拥有 10%股权的股东还享有向法院提起诉讼解散公司的权利。

2.2.7　5%：重大股权变动警示线

《中华人民共和国证券法》（以下简称《证券法》）第八十条第一款规定："发生可能对上市公司、股票在国务院批准的其他全国性证券交易场所交易的公司的股票交易价格产生较大影响的重大事件，投资者尚未得知时，公司应当立即将有关该重大事件的情况向国务院证券监督管理机构和证券交易场所报送临时报告，并予公告，说明事件的起因、目前的状态和可能产生的法律后果。"

《证券法》第八十条第二款对重大事件的具体内容进行规定，其中第八项为："持有公司百分之五以上股份的股东或者实际控制人持有股份或者控制公司的情况发生较大变化，公司的实际控制人及其控制的其他企业从事与公司相同或者相似业务的情况发生较大变化。"

也就是说，持有一家公司 5%以上股权的股东或实际控制人，持有的股权或控制公司的情况发生较大变化，应该按照规定进行报告和公告，披露权益变动书。这条生命线适用于已经上市的股份有限公司。

2.2.8　1%：临时提案发起线和代位诉讼线

2024 年 7 月 1 日起施行的《中华人民共和国公司法》（以下简称《公司法》）第一百一十五条第二款规定："单独或者合计持有公司百分之一以上股份的股东，可以在股东会会议召开十日前提出临时提案并书面提交董事会。临时提案应当有明确议题和具体决议事项。董事会应当在收到提案后二日内通知其他股东，并将该临时提案提交股东会审议；但临时提案违反法律、行政法规或者公司章程的规定，或者不属于股东会职权范围的除外。公司不得提高提出临时提案股东的持股比例。"

《公司法》第一百八十八条规定："董事、监事、高级管理人员执行职务违反法律、行政法规或者公司章程的规定，给公司造成损失的，应当承担赔偿责任。"

《公司法》第一百八十九条第一款规定："董事、高级管理人员有前条规定的情形的，有限责任公司的股东、股份有限公司连续一百八十日以上单独或者合计持有公司百分之一以上股份的股东，可以书面请求监事会向人民法院提起诉讼；监事有前条规定的情形的，前述股东可以书面请求董事会向人民法院提起诉讼。"

由上述条文可知，单独或合计持有公司 1%以上股权的股东，拥有临时提案权和代位诉讼权，可以在必要时行使权利保障自己的利益。

2.3　掌握控制权的有效方法

股东通过投资、购买股票、提供资源等方式获得公司的股权，而创业者的股权则会随着股东的增加被逐渐稀释。当股权被稀释到一定程度时，创业者便有可能失去对公司的控制权。为了不让自己被"扫地出门"，创业者必须学习掌握控制权的方法。

2.3.1　从董事会席位入手

公司中一个重要的机构是董事会，因为绝大多数决策都必须由董事会批准才可以执行。而且，与公司日常运营和发展息息相关的管理层成员，如 CEO、总经理、副总经理等都是由董事会任命的。可以说，创业者只要控制了董事会，就相当于控制了公司。

通常，董事会的席位设置为奇数，这样可以避免投票出现平局的情况。一家公司的董事会席位包括创始人席位、投资者席位和一个独立席位。其中，独立席位的董事要具备强大的行业相关能力和丰富的社交资源，但一般与公司无直接利益关系，主要发挥打破平局的作用。

随着公司的发展，创业者的股权被不断稀释，持有的股权越来越少，如何掌握对公司的控制权成了一个重要的问题。如果创业者不能处理好董事会席位与控制权的关系，则很有可能被自己建立起来的董事会免职。

而创业者一旦获得了公司的大部分股权，则可以保证自己的绝对优势地位，掌握控制权。但这也有可能让公司变成"一言堂"，因此创业者在掌权的同时要合理放权，让公司在求同存异中向前发展。

2.3.2 法人持股

法人持股是指法人以其依法可支配的资产购买公司的股权，或者具有法人资格的事业单位与社会团体以其依法用于经营的资产购买公司的股权。虽然现行法律没有规定法人必须持股，但如果公司有法人持股方案，就可以在一定程度上维护创业者的控制权。

法人持股的股权类型分为以下两种。

1. 按股东权利划分：普通股、优先股

普通股是最常见、最基本的股权形式，它享有经营决策参与权、优先认购权、剩余资产分配权等权利。普通股股东在公司盈利与剩余财产的分配顺序上次于债权人和优先股股东。

持有优先股的股东享有一些优先权利，主要表现在两个方面：第一，优先股有固

定的股息，且可在普通股股东领取股息之前领取；第二，公司破产时，优先股股东可以在普通股股东之前领取剩余财产。但优先股股东通常不参与公司的红利分配，持股人无表决权，无法借助表决权参与公司的日常经营与管理。

2．按股权的流通性划分：流通股、非流通股

流通股可以在二级市场上自由流通、转让，主要包括 A 股、B 股、法人股及境外上市股。非流通股无法在二级市场上自由流通、转让。

2.3.3　签署一致行动人协议

一致行动人协议是指在公司没有控股股东或实际控制人的情况下，由创始人和多个股东共同签署的协议。该协议可以增加创始人的表决权票数，使创始人对公司拥有一定的控制权。

签署了一致行动人协议后，创始人就相当于在股东会之外又建立了一个由部分股东组成的"小股东会"。在讨论某一事项时，"小股东会"会事先给出一个结果作为唯一对外的意见，用以决定这一事项是否开展。如果有人做出相反的决定，或者违背一致行动人协议，那么其他签约人有权在法律允许的范围内根据具体内容对其实施惩罚。

例如，2023 年 11 月，某电器公司的创始人与其他股东签署了一致行动人协议，至此，这位创始人与其他股东共同持有 5325 万股，占公司总股权的 26%。他们签署的一致行动人协议主要包含一致提案和一致投票行动，而双方作为公司的股东所享有的其他股票处置权、分红权、查询权等权利则不受影响。

下面为大家整理了一份一致行动人协议范本，供大家参考。

一致行动人协议

甲方：＿＿＿＿＿＿＿＿，身份证号码：＿＿＿＿＿＿＿＿。

乙方：＿＿＿＿＿＿＿＿，身份证号码：＿＿＿＿＿＿＿＿。

丙方：＿＿＿＿＿＿＿＿，身份证号码：＿＿＿＿＿＿＿＿。

丁方：＿＿＿＿＿＿＿＿，身份证号码：＿＿＿＿＿＿＿＿。

以下将甲方、乙方、丙方、丁方统称为"各方"。

鉴于：

（1）甲方为＿＿＿＿股份有限公司（以下简称"A公司"）的股东，占股＿＿＿％；乙方为A公司的股东，占股＿＿＿％；丙方为A公司的股东，占股＿＿＿％；丁方为A公司的股东，占股＿＿＿％。

（2）为保障公司得到稳定的发展，减少公司因意见不合而浪费的时间、经济资源，提高公司经营、决策的效率，各方协商在公司股东会会议中采取"一致行动"，从而达到高效控制公司的目的。

为此，各方经友好协商，对"一致行动"的事宜进一步明确以下条款。

1. "一致行动"的目的

各方将在公司股东会会议中行使表决权时保持目标一致、行为一致，以达成保障各方在公司中的控制地位的目的。

2. "一致行动"的内容

各方在公司股东会会议中保持的"一致行动"是指各方在行使下列表决权时保持行为一致。

（1）提案保持一致。

（2）投票表决公司的经营计划保持一致。

（3）投票表决制定公司的年度财务预算方案、决算方案保持一致。

（4）投票表决制定公司的利润分配方案与弥补亏损方案保持一致。

（5）投票表决制定公司增减注册资本的方案及发行公司债券的方案保持一致。

（6）投票表决聘任或解聘公司经理，并根据经理的提名，聘任或解聘公司副经理、财务负责人，决定其报酬事项保持一致。

（7）投票表决公司管理机构的设置保持一致。

（8）投票表决制定公司的基本管理制度保持一致。

（9）如果各方中任意一方无法参加股东会会议，则须委托其他方参加会议并代为行使表决权；如果各方均无法参加股东会会议，则须共同委托他人参加会议并代为行使表决权。

（10）行使在股东会会议中的其他权利时保持一致。

3. "一致行动"的延伸

（1）若协议各方意见无法统一，则各方依据____方的意向行使表决权。

（2）协议各方承诺，若某一方将自己所持本公司的全部或部分股权对外转让，则受让方需要同意继承本协议所协商的义务并与其余各方重新签署本协议，股权转让方能生效。

（3）若任何一方违反以上任意一条承诺，则必须按照守约方的要求将其全部权利与义务向守约方进行转让。守约方也可以要求将违约方的全部权利与义务转让给协议外的第三方。

4. "一致行动"的期限

自_____年_____月_____日起，至_____年_____月_____日止。

5. 变更或解除协议

（1）本协议自各方在协议上签字或盖章之日起生效，各方在协议期限内应按照约定履行协议义务，若要变更本协议条款须经各方协商一致且采取书面形式重新签署协议。

（2）若在期限之前解除本协议，须各方协商一致。

以上变更和解除均不得损害各方在公司中的合法权益。

6. 争议的解决

本协议出现争议时，各方需要通过友好协商解决。如果协商无效，则应将争议提交给＿＿＿＿仲裁委员会按仲裁规则解决。

7. 本协议一式＿＿＿份，各方各执＿＿＿＿份，具有同等法律效力。

签署各方：

甲方（签字或盖章）：

乙方（签字或盖章）：

丙方（签字或盖章）：

丁方（签字或盖章）：

签约日期：　　　　年　　　　月　　　　日

签约地点：

2.3.4　制定多层级控制链

除了法人持股，创业者还可以通过间接持股形成多层级控制链，实现对公司的控制。在多层级控制链中，创业者作为创始人位于顶端，实际控制的目标公司在底端，中间的多层级为多层控股公司。通过层层控股的模式，创始人可以以少量的出资实现对每一层控制链的控制，最终控制目标公司。

在拆解多层级控制链之前，可以对其简化版双层级控制链进行分析，以便更加清晰明了。双层级控制链是在创始人和目标公司中间只隔了一家控股公司的股权架构模式，如图 2-1 所示。

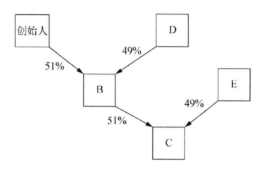

图 2-1 双层级控制链

在双层级控制链中，创始人位于控制链顶端，拥有 B 公司 51%的股权，又通过 B 公司拥有 C 公司 51%的股权，进而掌握对 C 公司的实际控制权。D 和 E 分别是 B 公司和 C 公司的投资者。

假设 B 公司和 C 公司的注册资金都为 100 万元，D 对 B 公司和 E 对 C 公司的投资均为 49 万元，那么创始人只需要对 B 公司出资 51 万元，就控制了外部投资者 D 和 E 共计 98 万元的资金。因为创始人能以 B 公司控制者的身份间接控制 C 公司，就相当于也拥有了对 C 公司的控制权。

与双层级控制链相比，多层级控制链是在创始人和目标公司中间隔了两家以上控股公司的股权架构模式，如图 2-2 所示。

在多层级控制链中，创始人拥有 A 公司 51%的股权，通过 A 公司拥有 B 公司 51%的股权，又通过 B 公司拥有 C 公司 51%的股权，进而掌握对 C 公司的实际控制权。

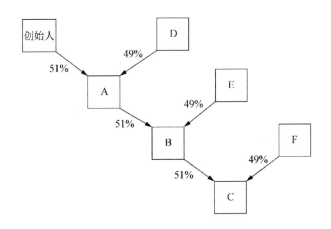

图 2-2　多层级控制链

假设 A 公司、B 公司、C 公司的注册资金均为 100 万元，D 对 A 公司、E 对 B 公司、F 对 C 公司的投资均为 49 万元，那么创始人只需要出资 51 万元，就可以控制外部投资者 D、E、F 共计 147 万元的资金。同时，创始人也可以顺利实现对 C 公司的控制。

多层级控制链的搭建并不复杂。创始人可以先创立一家自己控股的 A 公司，再通过 A 公司寻找合作伙伴，共同成立 B 公司，同时约定 A 公司对 B 公司拥有控制权。此后通过 B 公司寻找合作伙伴，共同成立 C 公司，同样约定 B 公司对 C 公司的控制权，以此类推。这样一来，创始人控制第一层公司，第一层公司控制第二层公司，最终在层层控制中实现对目标公司的控制。

第 3 章
合理估值：认清股权的真正价值

无论是投资者投资、股东购买股票，还是合伙人入股，都需要重视估值这项工作，以明确自身在公司中应该持有的股权。通常来说，估值是一项较为困难且具有主观性的工作，其中有很多非常专业、十分复杂的问题。因此，每一位创业者都有必要学习这方面的知识。

3.1 不可不知的估值重点

如今，估值已经成为公司吸引外部资本的一个必不可少的环节。为了打消外部投资者对公司的疑虑，给予其足够的安全感，创业者必须知道应该如何为公司估值。

3.1.1 思考：估值是不是越高越好

巴菲特认为，投资有两个重点：如何估值、如何充分利用市场情绪。在投资过程中，估值是必不可少的环节。估值是一门比较复杂的学问，不同的公司适用不同的估值方法，通常没有一个放之四海而皆准的普适性原则。

在创业初期，公司的价值通常接近于 0，但估值会高出许多。估值越高越好吗？不一定。

在天使轮融资中，如果公司得到一个高估值，那么到下一轮融资时，公司的估值就要更高。也就是说，在两轮融资之间，公司的业务规模、营业利润要增长很多。换言之，创业者需要向投资者表明公司的整体规模和收益比之前增长了很多。

如果创业者做不到这一点，那么通常只能接受一些苛刻的条款，进行一次低估值融资。在这种情况下，除非有新股东加入，或者其他投资者愿意为公司投入更多的资金，否则公司的现金流很可能因此断裂，公司甚至不得不关门大吉。因此，在融资时，公司的估值不是越高越好。

3.1.2 估值要素大汇总

王强是一家公司的创始人，公司刚开始时发展得并不顺利，主要是因为没有资金支持。为了获得资金，王强和他的团队计划融资。2023 年 1 月，王强在网上找到了一位投资者。这位投资者对他的项目很感兴趣，路演结束后，对他的公司进行了尽职调查。

接下来，王强和投资者进入谈判阶段。因为投资者对王强的项目、团队等很满意，于是问王强："你们公司的估值是多少？"王强瞬间不知所措，他没有考虑过这个问题，便随口说了一个数字。投资者听到王强说的是一个"天文数字"，与预期相差太大，而且经过多次交涉，双方也没有就这个问题达成一致意见。最终的结果是，投资者没有给王强投资。

投资者和创业者进入谈判环节，肯定会涉及估值问题。但估值不是随口说一个数字，而是要进行细致、准确的计算。只有一家估值合理的公司，才会获得投资者的青睐。

在为公司估值时，创业者需要考虑以下几个要素。

1．用户数量

公司想要获得发展，首要目标就是吸引大量用户。如果在短时间内，公司可以吸引大量用户，就说明公司的发展前景非常广阔。投资者也关心公司是否可以吸引用户，一般来说，公司的用户越多，用户增长速度越快，给投资者带来的回报就越丰厚。

2．成长潜力

公司有没有成长潜力也是投资者比较重视的一点。在融资谈判时，创业者可以用数据向投资者展示公司的成长潜力，以使公司获得一个较高的估值，从而获得更多的资金。

3．收入

收入也能作为估值的一个依据。公司有了收入之后，就会产生利润率、利润增长率等数据，这些数据可以帮助创业者确定合适的融资金额。当然，对初创公司而言，收入也许只占一小部分，通过收入计算出来的估值不能代表其全部潜力，但可以为融资谈判提供参考。

4．创始人和员工

一个好的创始人更容易吸引投资者，可以帮助公司获得更多的资金。创始人以前的工作背景、人生经历等影响着公司的融资。如果创始人和员工的能力很强，那么由他们组成的公司也必定是非常有发展潜力的。例如，一些涉足互联网行业的公司在融资时因为有专业的技术团队，估值有可能增加上千万元。

5．行业

行业不同，估值也不同。以餐饮行业和高科技行业为例，餐饮行业的估值通常是总资产的 3～4 倍，而高科技行业的潜力比较大，估值一般是年营业额的 5～10 倍。在找投资者谈判之前，创业者一定要了解公司所在行业的整体形势。

6．孵化器

有些公司是依托孵化器建立起来的，这样的公司通常会有专业的指导，在资源方面也比一般公司更有优势。在孵化器的助力下，公司会通过专业的数据分析来确定发展方向，这也会提高公司在谈判中的估值。

7．期权池

为了吸引优秀员工加入公司而预留的股票就是期权池。通常，期权池越大，公司的估值越低。期权池是一种无形资产，其价值一般会被忽略。

8．实物资产

有些公司因为实物资产不是很多，所以在估值时不会将这一部分考虑进去。实际上，实物资产也属于公司资产，会对估值产生一定的影响。

9．知识产权

公司拥有的专利、商标等知识产权也属于公司资产，对于提高公司的估值也能发挥作用，在估值时要计算进去。例如，某初创公司的创始人就因为拥有两项专利而多获得了投资者 500 万元的资金。

对创业者来说，估值越合理越好。估值不合理，意味着公司要承担的风险更大，一旦公司出现了问题，就要被迫接受很多不公平条款。因此，创业者一定要根据公司的实际情况计算出一个合理的估值，以提高投资者投资的概率，同时避免自己遭受不必要的损失。

3.1.3　Facebook 是如何估值的

2012 年，Facebook 正式在纳斯达克上市，开盘价为 42.05 美元/股，是史上规模最大的科技公司 IPO（Initial Public Offering，首次公开募股）之一，当时市值超过 1000 亿美元。那么，Facebook 是如何从一家创业公司发展到一个拥有高估值的"社交帝国"的？我们可以从其估值之路中找到答案。

2004 年 2 月，马克·扎克伯格和他的室友创立了 Facebook。同年，PayPal 联合创始人 Peter Thiel（彼得·蒂尔）向 Facebook 投资 50 万美元。

2005 年，Accel Partners 向 Facebook 投资 1270 万美元，Facebook 的估值达到 1 亿美元。

2006 年，Facebook 获得 2750 万美元的投资，估值超过 5 亿美元。同年，Facebook 拒绝了雅虎估值 10 亿美元的收购意向。

2007 年，微软向 Facebook 投资 2.4 亿美元，对它的估值为 150 亿美元。

2009 年，俄罗斯 DST 向 Facebook 投资 2 亿美元，对它的估值为 100 亿美元。

2010 年，Elevation Partners 向 Facebook 投资 1.2 亿美元，对它的估值为 240 亿美元。

2011 年 5 月，Facebook 的估值上升到 875 亿美元。

2012 年 5 月 IPO 时，Facebook 每股定价 38 美元，估值为 1040 亿美元。

2019 年 11 月，Facebook 的估值达到 5400 亿美元。

2021 年，Facebook（2021 年，Facebook 公司改名为 Meta 公司，但后续为了讲述方便，仍称其为 Facebook）的估值超过 1 万亿美元。

2022 年，Facebook 的估值有所下降，最低时只有 2000 多亿美元。

2023 年，Facebook 的估值大幅上涨，接近 1 万亿美元。

Facebook 的估值增长迅速代表了市场及资本对其未来发展的看好与高预期。与此同时，Facebook 凭借高估值，始终保持较快的发展速度，成为美国社交领域的佼佼者。但比较遗憾的是，Facebook 的早期投资者彼得·蒂尔错失了机会，因为他大大低估了 Facebook 指数级增长的可能。

估值反映的是公司的预期成长情况，在早期阶段，投资者往往更看重公司的增长潜力。这也是为什么很多项目早期能获得融资、拥有较高的估值。

此外，估值也代表了公司长期增长的稳定性。如果一家公司连续多年保持增长，那么其估值也会相对较高；如果公司的发展不稳定，那么其估值也会相对较低。

对创业者来说，保证公司持续增长，想方设法提升公司的估值，是顺利融资的重要前提。创业者一定要对公司有精准定位，做好内部管理，以获得更多投资者的青睐。

3.2 什么会影响估值

几乎所有的公司都存在很多不确定性，如股权的不确定性、技术的不确定性、知识产权的不确定性等，这些不确定性会影响估值的最终结果。正是因为如此，估值往往只是人为做出的一种前瞻性预测，而创业者能做的就是让预测更准确一些。

3.2.1 股权分配情况是否合理

股权为什么重要？因为有价值的股权可以给公司带来更高的收益。但股权发挥价值的前提是被合理地分配给应得的人。在这个方面，创业者需要关注三点：资金需求、发展规划、股权架构设计。而投资者需要关注两点：退出时股权的价值、自己可以获得的收益。

相较于创业者，投资者往往更关注股权分配情况。任何一家公司，无论是战略、品牌，还是管理体系，其根基都是股权架构的顶层设计。

股权架构设计是否合理、股权出让比例是多少、投资者和其他股东是否有权参与优先股交易等都是很重要的细节。如果创业者在这些细节上不肯让步，那么其估值自然不容乐观。对创业者来说，出让股权虽然不是一个容易的决定，但仍然需要找到一个平衡点，即在不丧失控制权的情况下出让一部分股权。

3.2.2　是否引进现代化技术

在早期融资阶段，公司的业绩表现不稳定，投资者难以对公司做出全面判断。如果公司拥有先进的技术，如当下十分火热的 VR（Virtual Reality，虚拟现实）、AR（Augmented Reality，增强现实）、AIGC（Artificial Intelligence Generated Content，人工智能生成内容）等技术，其潜力就不会被低估。

投资者往往青睐有强劲发展势头的公司，而先进的技术是吸引他们的重要砝码。有了先进的技术做支撑，公司就有更大的可能性获得投资者的高估值。

3.2.3　知识产权方面有无优势

如今，知识产权不仅指技术专利，还包括公司的名称、商标等智力劳动所创造的成果。随着时代的发展和社会的进步，公司对知识产权的保护意识逐渐增强，知识产权的重要性也逐渐凸显。由此，知识产权成了公司的重要资源，深刻影响着估值。

2021 年，一家致力于自动驾驶车辆激光雷达设计和研发的科技公司正式成立。成立仅一年，这家公司就完成了 350 万美元的种子轮融资。后来，这家公司又完成了 9000 万美元的 B 轮融资，并制订了详细的上市计划。

在很短的时间内，这家公司不仅获得了巨额融资，还发展为行业翘楚。深入剖析这家公司吸引资本的原因，发现是知识产权发挥了重要作用。该公司获得了包括激光雷达在内的多种相关技术专利，并在满足市场需求的基础上有针对性地对产品进行技术革新。目前，该公司已经研发出很多产品用于支持自动驾驶车辆的发展。

在互联网经济时代，知识产权等无形资产是公司的立身之本，也是公司提高竞争力的"武器"。如果公司没有无形资产，那将很难实现基业长青。因此，知识产权作为无形资产，将对估值产生比较大的影响，而公司应该充分挖掘无形资产的价值，以使自己在行业中立于不败之地。

3.3 如何估值：常用估值方法

目前比较常用的估值方法可以分为两大类：一类是相对估值法，包括可比公司法、可比交易法等；另一类是标准计算法，即根据某个标准，如市盈率、现金流、用户数与流水等对估值进行计算，包括市盈率倍数法、现金流折现法、用户数与流水计算法等。

3.3.1　可比公司法

可比公司法是目前比较主流的估值方法，即根据可比公司乘数对公司进行估值。在使用该方法时，创业者需要了解以下三个重点。

1. 在行业中选择有参照意义的可比公司

可比公司法为公司提供了市场基准，创业者可以据此为公司估值。何谓市场基准？其实就是行业中那些有参照意义的可比公司。一般来说，创业者需要分析可比公司及其竞争对手，因为创业者的公司与其在业务、发展战略、潜在风险等方面都极具相似性。创业者可以通过百度搜索可比公司及其竞争对手，数量以 5 ~ 10 家为宜。

2．计算主要财务比率

主要财务比率包括盈利能力、投资收益、杠杆率、相关倍数等。

（1）盈利能力的计算比较简单，创业者可以从毛利率、EBITDA（税息折旧及摊销前利润）率、EBIT（息税前利润）率、净利润率等指标入手对其进行分析。

（2）投资收益与三个指标息息相关：ROIC（投入资本回报率）、ROE（净资产收益率）、ROA（资产收益率）。这三个指标表现越好，投资收益就越高。

（3）杠杆率在一定程度上反映了公司的负债水平。一般来说，债务与 EBITDA 的比率、债务与资本总额的比率及覆盖比率（EBITDA 与利息支出的比率）都会对杠杆率产生影响。如果公司的杠杆率非常高，就说明公司陷入了财务危机，创业者需要尽快处理财务问题。

（4）收集好所需的财务数据，并将这些数据制成表格。然后，创业者需要计算可比公司的相关倍数，如市盈率（P/E）、公司价值/EBITDA、公司价值/销售额等。

3．将财务比率作为市场价格乘数为公司估值

有了合适的可比公司，主要财务比率也通过计算得出后，接下来就需要将公司与可比公司进行对比，以明确估值的大致范围。此外，创业者还需要综合考虑公司的业务特征、财务数据等，并以此为基础识别出与公司最相似的可比公司，从而明确估值范围。

3.3.2　可比交易法

可比交易法即关注同类融资事件，从中获取一些比较重要的财务数据，然后根据财务数据计算融资价格乘数，以此为依据对公司进行估值。

2023 年 11 月，A 公司获得了融资。与 A 公司处于同一个行业的 B 公司想根据 A 公司融资时的估值情况为自己估值。二者的业务十分相似，但 B 公司的规模更大，为 A 公司的 3 倍。那么，B 公司的估值也应为 A 公司的 3 倍。

无论是使用可比公司法还是使用可比交易法，估值都是对未来的盈利水平进行量化的过程。因为市场环境瞬息万变，经济情况有好有坏，所以公司的盈利水平和估值也不会一成不变，这就要求创业者对估值进行定期或不定期的调整。

3.3.3　市盈率倍数法

快速发展的公司按照市盈率来估值比较合适。其中的逻辑是，投资者投资的是一家公司的未来，是对公司未来的盈利能力给出当前的价格。其计算方法为：估值＝预测市盈率×公司未来 12 个月的利润。

例如，某高新技术公司的估值按 2024 年预测利润的 X 倍市盈率计算，2024 年预测税后净利润为 Y 亿元，估值则为 $X×Y$。其中，公司未来 12 个月的利润是通过历史财务数据预测出来的，主要的问题是计算预测市盈率。

在计算预测市盈率时普遍用到的方法是给历史市盈率打折扣。例如，互联网行业的平均历史市盈率是 60，那么预测市盈率大概是 50。对同行业、同规模的非上市目标公司来说，参考的预测市盈率会继续打折扣，一般为 20～30；如果目标公司在同行业中规模较小，参考的预测市盈率会再打折扣，基本上就是 10～15。

3.3.4　现金流折现法

现金流折现法是比较经典，也很简单、直接的估值方法。该方法要求创业者了解公司的业务情况和竞争优势，并在此基础上预测公司未来 5 年或 10 年的现金流。

2023 年，A 公司的现金流达到 1000 万元，而且发展前景不错。根据预测，该公司的现金流在未来 5 年会以每年 10%的速度增长。但随着市场竞争不断加剧，5 年后，该公司的现金流增长速度很可能降低到 5%。

根据上述信息，我们可以预测出 A 公司未来 10 年的现金流，如表 3-1 所示。

表 3-1　A公司未来 10 年的预测现金流

时间	预测现金流
第 1 年	1100 万元
第 2 年	1210 万元
第 3 年	1331 万元
第 4 年	1464.10 万元
第 5 年	1610.51 万元
第 6 年	1691.04 万元
第 7 年	1775.59 万元
第 8 年	1864.37 万元
第 9 年	1957.58 万元
第 10 年	2055.46 万元

知道了公司未来的现金流，创业者就可以根据现金流的增长情况对公司进行估值。这种方法比较适合即将上市的成熟公司，因为初创公司面临太多风险，其现金流预测往往不太准确，从而导致估值也不是那么准确、可信。

3.3.5　用户数与流水计算法

随着技术的不断进步，互联网公司如雨后春笋般不断涌现。但大多数互联网公司的估值都不是很准确。目前，为互联网公司估值常用的方法是用户数与流水计算法。例如，某集团想对一家游戏公司进行投资，便根据其付费用户数、付费用户月均消费值、活跃用户数、付费率等数据对其营业收入进行预测。

后来，游戏公司推出一款新游戏。游戏推出后，其付费用户数在前期的增长速度很快，该公司的营业收入大幅增加，估值也随之提高。投资者看到了该公司的发展潜力，决定投资。经过一段时间的发展，其付费用户数依然在增长，该公司获得了相对稳定的利润，估值没有发生太大变化。5 年后，该公司进入衰退期，其付费用户数大幅减少，估值降低，投资者选择退出。

互联网公司的发展周期短、迭代速度快，估值难度较大。而且，专门开展估值业务的中介机构也难以参与到估值工作中。除了用户数与流水计算法，还需要不断探索与创新为互联网公司估值的方法。

第4章

股权博弈：正确使用博弈思维

在创业的过程中，创业者与投资者之间的股权博弈十分常见，而博弈的结果往往决定谁能占据上风。如果创业者在与投资者的博弈中失败，则可能失去自己苦心经营的公司，或者引发股权纠纷，导致公司出现动荡。相信这些结果都不是创业者希望看到的。因此，创业者要秉持博弈思维，增强自己在博弈中的底气和信心。

4.1 博弈之成本投入

投资者为公司投入多少？自己为公司投入多少？这两个问题经常困扰着创业者。创业者为公司投入想法、精力、时间等，投资者则投入资金为公司的发展保驾护航。双方关系好，就能相辅相成，共同促进公司的发展；双方关系不好，就有可能"拔刀相见"，阻碍公司的发展。下面对创业者和投资者在成本投入方面的博弈进行详细讲解。

4.1.1 什么时候交付

融资并非投资者出钱、创业者给予其股权就万事大吉了。投资者给予创业者资金支持，作为拿钱的人，创业者会背负巨大的压力。一旦出现延迟交付产品的情况，就可能使投资者遭受巨大的损失，进而使其失去对公司的信心。

蔚来汽车正式在纽约证券交易所挂牌上市时，开盘价为 6 美元/股，与发行价 6.26 美元/股相比，下跌 4.15%。开盘后，市场呈下滑趋势，蔚来汽车的股价一度下跌超过 14%。最终收盘时，其股价上涨 5.43%，报价为 6.6 美元/股，市值达到 67.7 亿美元。

在上市之前，蔚来汽车日均"烧钱"1200 万元，通过上市获得的资金难以支撑其实现长远发展。

后来，蔚来汽车的创始人李斌在接受记者采访时，对这笔资金的用途做出了答复。他表示："现在我们要用更高的标准要求自己，上市会有更高的要求和责任，研发和用户服务还是我们最主要的投资方向。"

然而，在业界看来，蔚来汽车的业绩实在难以支撑起 60 多亿美元的估值。蔚来汽车上市前发布的招股书中的数据显示，其经营情况并不乐观，净亏损高达 5.026 亿美元（根据当时的汇率，约合人民币 33.3 亿元），加上之前 75.9 亿元的亏损，累计亏损达到 109.2 亿元。

全联车商投资管理（北京）有限公司的总裁在接受记者采访时称，蔚来汽车由于立足国内市场，销售前景并不乐观。一方面，国内电动汽车市场竞争激烈；另一方面，蔚来汽车在美国车市的业绩表现也并不出众。更重要的是，产品价格与续航时间是蔚来产品始终难以解决的问题。不过，在业内人士看来，蔚来汽车通过上市，获得了资本层面的运作空间。

在发展之初，蔚来汽车通过与全球各大知名汽车供应商合作，以组装零部件的方式推出新车。例如，在推出蔚来 ES8 时，蔚来汽车便采用各大知名汽车供应商的零部件，以最大限度地保证产品的性能。但此后，蔚来汽车将供应商换成小规模且不知名的公司，而这些公司缺少大零部件生产技术，导致蔚来汽车无法完成匹配工作，从而影响了产品交付进程。

据专业人士透露，蔚来汽车过分追求造车进度，对造车难度过分低估，使其经受巨大的考验，而投资者也很可能因为其交付问题对其失去信心。

由此可见，创业者与投资者之间的博弈应该明确底线。在正式谈判之前，创业者应该明确一个问题：为了获得投资者的资金，我可以做出的最大努力是什么？而投资也应该明确一个问题：为了得到实质的利润或股权，我可以做出的最大妥协是什么？

在创投博弈中，双方都明确自己的底线非常重要。蔚来汽车之所以出现延迟交付的情况，很大程度上是因为投资者并未明确实质的底线。因此，无论是创业者还是投资者，都必须事先了解彼此的底线，对妥协程度做到心中有数。

4.1.2　自测：你真的要对赌吗

对赌协议是指并购方或投资者与出让方或融资者在达成协议时，对将来不确定的情况进行的一种约定。假如约定的条件达成，并购方或投资者不可以行使相应的权利；假如约定的条件未达成，出让方或融资者不可以行使相应的权利。因此，对赌协议实际上类似动态股权绑定。

对赌协议主要有四种类型。

（1）依据投资方式可以分为：增资对赌、股权转让对赌。

（2）依据对赌主体可以分为：投资者与大股东、实际控制人的对赌，投资者与目标公司的对赌。

（3）依据对赌标的可以分为：业绩对赌、上市对赌、其他对赌。

（4）依据对赌筹码可以分为：现金对赌、股权对赌、其他对赌。

有了对赌协议，"赌输"的一方需要无偿或以较低的价格向另一方转让一定比例的股权或回购另一方的所有股权，而回购价往往是投资者投资款本金与利息的总和。

关于对赌协议，真格基金的联合创始人王强给了创业者一个忠告："我呼吁，一个创业者，尤其是起步时期的创业者，千万不要签署对赌协议。除非，你不热爱你所创立的事业。对赌就是'泡沫'，就意味着你眼下已有的资源无法达到的目标，而你将被迫必须达到。这是如此的惨烈。"对赌意味着创业者要做不得不做的事情，一旦失去了经营公司的本质初心、心态毁于一旦，创业者就很难回头。在对赌中，创业者面对投资者就像面对赌场中的庄家，赌赢的概率早就被算好了。

创业者应该明白，那些将利润当作唯一标准来衡量一切的投资者很容易犯急功近利的错误。他们通常只将项目当成谋求利益的工具，很容易把项目搞砸，甚至会为了自身的利益而损害他人的利益。遇到这样的投资者，创业者应该谨慎选择对赌。

4.2 博弈之股权激励

股权激励是一把双刃剑。创业者使用得当，可以起到积极的激励作用，帮助公司更上一层楼；创业者使用不当，就容易陷入误区，无法达到预期的效果。本节以股权激励为主题，指导创业者妥善处理此类问题，使股权激励在公司中发挥最大价值。

4.2.1 股权激励的三大模式

股权激励模式主要有三种：股票期权、业绩股、虚拟股。

1. 股票期权

股票期权是国际上使用较为广泛的股权激励模式之一，指的是经过股东会同意，创业者可以将一部分已经发行但未公开上市的普通股票作为报酬的一部分，给予公司核心高管和技术骨干在一定期限内以事先约定的价格购买公司股票的权利。

股票期权的拥有者可以在一定时期内做出行权、兑现等选择。通常，只有上市公司才能设计和实施股票期权，而且要有合理、合法的股票来源。例如，联想集团和方正科技等公司采取的就是股票期权模式。

2．业绩股

在股权激励方面，业绩股是一种比较常见的模式，即公司在年初为激励对象制定业绩目标，如果激励对象在年末达成目标，那么公司会为其发放一定数量的股票或给予其一定的奖励基金用于购买股票。如果在若干年内，激励对象通过了业绩考核，就可以兑现规定比例的股票；如果没有通过业绩考核，或者做出对公司不利的行为，那些没有兑现的股票就将被收回。

3．虚拟股

虚拟股是公司给予激励对象的一种有权利限制的股票。激励对象可以通过虚拟股享受一定的分红权，也能获得股票的增值收益，但没有股票的所有权和表决权。另外，虚拟股是不能转让和出售的，一旦员工离开公司，虚拟股就会自动失效。

除了上述三种股权激励模式，限制性股票、延期支付、账面价值增值权等也可以起到很好的激励作用，创业者可以根据公司的实际情况进行选择。

4.2.2　管理层激励：权力转移

如何做一个合格的"甩手掌柜"？这是很多创业者想做却难以做好的事情。一个合格的"甩手掌柜"，不是简单地移交权力就万事大吉了，而是让核心的管理层能与自己一起奋斗，并让这些跟随自己一起奋斗的管理层都能受益。想要做到这一点，创业者就必须做好股权激励，让管理层成为公司的股东，使其真正参与到公司的经营和管理中。

美国的心理学家马斯洛曾经提出需求的五层次理论，后来被人们称为马斯洛需求层次理论，如图 4-1 所示。

图 4-1　马斯洛需求层次理论

马斯洛需求层次理论能帮助创业者了解管理层关心的利益。按照马斯洛需求层次理论，创业者可以把管理层的需求分为生理需求、安全需求、社交需求、尊重需求和自我实现需求五类，依次由较低层次到较高层次排列。

管理层往往更看重尊重需求与自我实现需求，因此在进行股权激励时，创业者需要将一部分权力下放，让管理层能掌握公司的部分决策权，从而满足他们的这两种需求。但在这一方面，很多创业者难以把握节奏，往往在一开始就将公司的实股给予管理层，致使一部分得到股权的人产生坐享其成的想法，失去动力，或者导致创业者的股权被稀释，控制权被弱化。

对此，创业者可以先和自己信任的管理层建立事业共同体、荣誉共同体，再通过这部分人影响其他管理层，最后逐步影响全体员工。

创业者在对管理层进行股权激励时，可以先给予他们股权分红权，再给予他们股权经营权，最后给予他们股权所有权。这种循序渐进的方式可以在不知不觉中提高管理层对股权的重视程度，进而顺畅地实现权力转移。

4.2.3　员工激励：员工持股计划

2021 年 5 月，海底捞发布公告称，将通过股权激励授出 1.59 亿股股份，占海底捞已发行股本的 3%。其中，将 1.43 亿股股份授予非关联承授人，也就是公司的员工及顾问；将 1590 万股股份授予海底捞及其附属公司的 17 名董事和最高行政人员。

对于此次员工激励，海底捞表示，这符合自己奉行的"连住利益，锁住管理"的经营原则，也是原有家族制管理模式的突破和创新，可以强化员工与公司之间的关系，使双方成为利益共同体，从而更好地解决人才流失问题。

人才流失问题是很多公司到了一定的发展阶段后都会面临的问题，甚至一些"大厂"也在所难免。股权作为将人才与公司紧密相连的工具之一，能够对员工起到很好的激励作用。很多力求实现长期发展的公司，都愿意与员工分享利润，通过员工持股计划打造利益共同体。

员工持股计划即为员工发放股权。例如，星巴克曾推出"咖啡豆"股票计划，目的是给予员工认购股票的资格，使员工成为股东，共享公司的收益。这项计划实施后，员工的状态发生了巨大的改变，他们开始想方设法为公司节省开支、增加收入。

再如小米，上市前，小米通过股权激励的方式吸引了 8 位联合创始人，将 7000 多名员工与公司"捆绑"在一起。小米的股权激励是"普惠式"的，激励对象包括员工、顾问、董事会全体成员及其他人士。这一举措激发了他们的工作热情，实现了业绩的快速增长。

腾讯也通过员工持股计划对员工进行激励。腾讯旗下微信团队的员工只要工作满一年，就有机会获得股权，成为公司的股东。腾讯之所以敢这么做，与其提倡的小团队敏捷管理模式，严格控制员工的数量和质量，以及高标准录用员工有很大关系。

让员工持股的作用很大，那么是否所有公司都适合实施员工持股计划？当然不是。

第一，是否适合实施员工持股计划，要看公司的商业模式和发展阶段。例如，某互联网公司处于发展初期，想通过股权吸引人才。但此时该公司并不值钱，如果承诺未来将授予员工股权，那么员工很可能认为公司在"画大饼"。这样的员工持股计划是没有意义的。

第二，如果实施员工持股计划的时机不对，员工就会不珍惜，觉得股权不值钱，这样就起不到激励的作用。而且如果员工持股计划的覆盖面太广，没有股权授予标准，就会出现平均化的问题，员工得到的分红不会很多，激励力度严重不足。

综上所述，公司应根据自身实际情况实施员工持股计划。不管员工持股计划的效果如何，都会对公司的形象建设和优化产生积极的影响。但实施员工持股计划前，公司必须想好是用限制性股票、股票期权，还是用虚拟股，这一点很重要。

4.2.4 一家餐饮店的股权激励组合

上海有一家连锁餐饮店，负责人李某在不同阶段使用了不同的股权激励手段，成功使该餐饮店发展壮大。

初期，李某希望通过股权激励提高业绩，加快餐饮店的发展。但由于管理制度不健全、未来的盈利情况不明确，员工对出资购买股权有所顾虑。经过思考，李某选择了干股激励。这样一方面能解决员工的安全感问题，另一方面避免了后期股权难以收回的问题，确保李某在管理上更加收放自如。

实行干股激励后，员工的身份从打工者转变为经营者，工作激情迅速高涨，餐饮店的业绩明显提高了很多。与之前只给员工发放"死工资"的形式相比，干股激励将餐饮店未来可能获得的利润分配给员工，使员工成为"主人"，促使他们创造更多的收益。

随着餐饮店的迅猛发展，李某决定扩大规模。为了留住核心人才，他决定使用虚拟股的方式进行股权激励。李某出让20%的股权用于激励员工，并准备40%的虚拟股给店长。

虚拟股点燃了店长培训员工、管理店铺的激情，也激发了员工力争上游、成为店长的好胜心。短短两年，李某的餐饮店就从原本的 1 家扩展为 7 家。在享受虚拟股带来的成果的同时，李某也清醒地认识到其中的短板，即未给予核心员工真正的股东权利。

为了避免这一短板带来的人才流失隐患，李某决定和一些表现突出的店长签署合同，约定如果考评合格并续约 3 年，就可以将虚拟股转化为实股。实行实股激励后，许多想要自己创业的店长放弃了创业的想法，将手中的虚拟股变为实股，成为"小老板"。

在内部榜样的带动下，几乎所有的核心员工都接受了续签劳动合同以获得相应实股的方案。这样，李某的餐饮店避免了人才流失的问题，培训成本也得以控制。

4.3　博弈之股权架构演变

股权架构不是一成不变的，在不同的发展阶段，公司适用的股权架构是不同的。创业者需要了解各个阶段的股权架构应该如何演变，以充分发挥股权激励对公司发展的推动作用。

4.3.1　整体布局：股权架构的顶层设计

股权架构的整体布局主要分为四个部分：第一部分是控股股东与激励对象；第二部分是实股股东、实股股票池、虚拟股或期股；第三部分是主体公司，即一级激励平台；第四部分是下属分公司、事业部、独立项目部等下属机构，即二级激励平台。

毫无疑问，创业者应该尽早设计科学、合理的股权架构。但随着公司的不断发展，不同的阶段对股权架构的需求是不同的。一方面，早期创业伙伴可能难以适应公司新的发展阶段，对公司的贡献越来越小；另一方面，公司需要不断引入新的合伙人、投资者、员工，以满足公司对资金和人才的需求。因此，股权架构的整体布局不能一成不变。

创业者可以在现有的法律制度框架下，借鉴其他公司设计股权架构的思路与原则，但要注意股权架构与公司的适配性。例如，从华为的股权架构设计理念中创业者可以提炼一些经验，如以有限合伙制建立公司收益权与控制权分离的股权激励平台，在内部进行股权流转设置，引进配股增发机制等。

打造合理的股权架构整体布局，降低股权分配问题对公司的影响，保证创业者的控制权，制定监督机制对利益相关者进行合理制衡……种种细节都会对股权架构的质量和效果产生影响。只有做好这些细节，公司才能获得内生增长动力。

4.3.2　创业初期，如何设计股权架构

现在是创业的黄金时代，很多人涌入创业赛道，成为创业大军中的一员。创立一家公司并不难，难的是经营好公司，处理好公司发展过程中遇到的问题。其实，很多问题都是创业者在创业初期设计的股权架构不合理造成的。

西少爷的创业团队有三个人，分别是孟兵、宋鑫、罗高景，他们的股权比例分别为 40%、30%、30%。西少爷主营肉夹馍爆火后，想要获得进一步发展，就必须进行融资。创始人孟兵对此的意见是，要融资就需要建立一个 VIE 结构（协议控制），因此自己的投票权要扩大到三倍，另外两个创始人并不认可其意见。

就这样，三人之间出现分歧，但由于三人的股权都没有超过 67%，于是出现了僵局，最终导致西少爷的很多决策都无法执行，融资面临困难。

之后，创始人宋鑫状告公司，要求行使其股东执行权，但后来撤诉了。而孟兵则起诉宋鑫，要求用 12 万元的价格过户其估值达到 2400 万元的期权。

西少爷创始人之间的纷争就是由创业初期股权架构设计不合理导致的，由此可见科学地设计股权架构的重要性。

在股权架构设计方面的一个正面案例是海底捞。在创立海底捞之初，张勇没有花一分钱，8000 元启动资金是由其他三个人筹集的。由于张勇是项目发起人，因此四个人股权均分，每个人获得 25% 的股权。之后，四个人结成两对夫妻，形成两家人各占 50% 股权的局面。

随着海底捞的发展壮大，张勇意识到股权架构存在的问题，于是说服另外三个人只做股东，不要参与公司管理。张勇的太太最先离开海底捞，随后另一股东施永宏的太太也离开海底捞。

2007 年，在海底捞走上发展快车道时，施永宏也离开了公司。在施永宏离开时，张勇与施永宏夫妇达成共识，以原始出资额的价格从他们的手中回购了 18% 的股权，于是张勇成为拥有海底捞 68% 股权的绝对控股股东。

施永宏选择向张勇转让股权的做法是明智的。他曾公开表示，尽管自己的股权比例降低了，但是赚的钱并没有受影响，而且有更多的时间和精力享受生活。张勇成为海底捞的控股股东后，对公司管理更加用心，海底捞的发展非常顺利。

在创业初期，创始人获得 50%～60% 的股权是合理的。联合创始人，也就是合伙人，其股权加起来最好不要超过 30%。而且，公司还应预留 10%～20% 的期权池。

纵观整个商业界，因创始人之间出现利益冲突而导致公司分崩离析的案例并不少见，毕竟大家都想保护自己的利益不受损害。于是，在利益，尤其是巨大的利益面前，包括创始人在内的股东之间的友好关系可能难以维持。这就意味着，如果创业初期的股权架构不合理，那么很大概率会导致公司陷入内斗，或者留下诸多随时可能爆发的隐患。

因此，在创业初期就设计一个合理的股权架构是十分重要的。

4.3.3 中国平安的股权架构演变之路

现在很多公司中都出现了一种非常有意思的现象：管理层持有的股权比例不是最高的，却长期掌握着公司的经营权。而且，大股东可能只委派董事，而不委派管理层。中国平安就是这样一家公司，它目前依然保持着良好的发展态势。

中国平安的管理层以马明哲为首，他们与股东长期保持融洽的合作关系，原因之一就是随着合作的深入不断调整股权架构。

1988 年，袁庚委派马明哲创建中国平安。当时，中国平安率先采用股权制，还设立了董事会。也就是说，中国平安在成立之初就拥有现代公司治理的股权架构。它也是我国第一家股权制保险公司。

中国平安是一家保险公司，想要发展壮大就需要大量资本，同时要解决股权问题。但在早期阶段，中国平安的股权较为集中，很多股东在做决策时会将自己的利益放在第一位，而缺乏对公司长远发展及长期利益的考虑。

1992 年，袁庚与马明哲就中国平安的股权问题进行讨论。马明哲表示，一家公司最主要的问题是体制、机制和人才，体制决定机制，机制留下人才，而关键的问题则是由股权架构决定的。最后，袁庚答应了马明哲的请求，担任中国平安的名誉董事长。

袁庚对国际大公司的良好运作进行过深入了解，他深刻地意识到通过市场化手段引入外部投资者是中国平安的当务之急。只有这样，中国平安才能解决管理层的利益与公司的利益分离的问题。至此，中国平安拉开了股权架构演变的序幕。

1992 年，中国平安拿到了全国性保险牌照，并借此机会引入了新股东平安职工合股基金（后发展为深圳市新豪时投资发展有限公司），该股东持股 10%。新股东的加入从根本上解决了管理层的利益与公司的利益不一致的问题，对中国平安的股权架构演变产生了里程碑式的意义。

随后几年，中国平安进行了多次增资扩股，引入了一些国有股东。由于在各轮融资中，国有股东没有阻止投资者加入，因此中国平安非常平稳地完成了股权调整。

对中国平安来说，国有股东的退让意味着市场化的胜利，而这些国有股东也选择顺应市场化法则。金融业是一个竞争性很强的行业，这种竞争性要求引入更多私人、民营公司的股东。因此，中国平安的股权分散化是一个顺应市场机制、股权架构自然演变的过程。国有股东的股权比例虽然降低了，但股东权益为其带来了比较丰厚的投资回报。

截至 2023 年 9 月 30 日，中国平安的十大股东及其股权占比如表 4-1 所示。

表 4-1　中国平安的十大股东及其股权占比

十大股东	股权占比
香港中央结算（代理人）有限公司	38.17%
深圳市投资控股有限公司	5.29%
香港中央结算有限公司	3.38%
中国证券金融股份有限公司	3.01%
商发控股有限公司	2.62%
中央汇金资产管理有限责任公司	2.58%
中国平安保险（集团）股份有限公司长期服务计划	1.93%
深业集团有限公司	1.42%
大成基金-农业银行-大成中证金融资产管理计划	1.11%
华夏基金-农业银行-华夏中证金融资产管理计划	1.10%

中国平安的股权架构演变之路告诉我们，国有控股不会影响公司的进步和发展，关键在于如何调整股权架构，实现国有控股的多元化、市场化。

第 5 章

投资者筛选：找到志同道合之人

寻找投资者是一项"技术活"。如果投资者与创业者适配，就能加速公司的发展；但如果投资者与创业者"水火不容"，那么创业者在经营、管理公司时可能被掣肘，最终导致公司走向衰败。因此，对创业者来说，找到志同道合的投资者非常重要。

5.1 哪里有靠谱的投资者

当今时代，竞争越来越激烈，市场上的项目很多，其中不乏好项目，但真正受到投资者认可和青睐的项目则很少。随着融资成功率的降低，找到靠谱的投资者非常困难。那么，靠谱的投资者究竟在哪里？本节就来解决这个问题。

5.1.1 梳理你的社交圈

商业界有一个戏言：早期投资者一般都是 3F，即 Family（家人）、Friend（朋友）、Fool（傻瓜）。其中，"傻瓜"是指天使投资者。天使投资者将资金投给素不相识的人，尽管这些人的公司才刚起步或仅有一个创意。因此，在外人看来，天使投资者与"傻瓜"无异。

找家人、朋友投资在早期并不困难，因为他们爱你、信任你。相关调查显示，在初创公司获得的天使轮融资中，92%来源于家人和朋友，来自天使投资者的比例仅有8%。家人、朋友虽然不会像专业的天使投资者那样要求创业者有独特的商业模式与准确的财务报表，但他们也希望可以知晓一些事情。以下是创业者在找家人、朋友投资时要注意的六个重点。

（1）不要害怕开口要钱，但说话要注意分寸。

（2）要乐观，表现出尊敬。

（3）展示你的创业进度和取得的成果。

（4）不要期望筹到很多资金，只需筹到维持创业所需的资金即可。

（5）要沟通风险，签订协议。

（6）展示增量价值。

从家人、朋友那里融资会简单许多，但切忌把家人、朋友当作唯一的资金来源，专业的天使投资者也可以成为创业者的第一笔资金来源。创业者可以研究天使投资者TOP30 榜单，仔细分析这些天使投资者的背景和投资历史。如果发现合拍的天使投资者，就将其重点圈出来，并有策略地与其接触，直至找到愿意投资的天使投资者。

但对于天使投资者关注的一些指标，创业者必须接受并有基本的认知。例如，很多天使投资者都很关注产品指标，因此创业者，尤其是专注于产品研发的创业者在研发产品前，必须判断产品满足的需求是不是用户真实的需求。如果产品无法满足用户真实的需求，那么天使投资者很难感兴趣。

另外，如果创业者进行的是有计划的创业或决定长期做生意，那么可以和投行、金融圈的朋友多交往、接触，因为他们的投资逻辑值得创业者学习和借鉴。

瑞幸曾经获得大约 1.8 亿美元的天使轮融资，资金主要来自由陆正耀控制的家族式公司神州优车。融资完成后，陆正耀成为为瑞幸投资最多的天使投资者，由此成为瑞幸的大股东，股权比例达到 30.53%。

在瑞幸的创始团队中，钱治亚为 CEO 和创始人；陆正耀担任非执行董事；郭谨一担任联合创始人兼高级副总裁；杨飞担任联合创始人和 CMO（Chief Marketing Officer，首席营销官）；刘二海担任董事。

搜索上述几位骨干成员的履历就可以发现，这个发展势头迅猛的咖啡品牌与神州优车有着千丝万缕的联系。钱治亚是神州优车的董事和 COO（Chief Operating Officer，首席运营官）；陆正耀是神州优车的董事长，神州租车（神州优车旗下的一个业务板块）的创始人、董事局主席兼 CEO；杨飞曾经在神州优车担任 CMO；刘二海是神州租车的投资者之一。

也就是说，在瑞幸的核心骨干中，有四个人都与神州优车有着紧密的联系。或者也可以说，瑞幸就是神州优车孵化的"神州系"项目。瑞幸是在 2017 年 10 月成立的，而钱治亚直到 2017 年 11 月才正式宣布从神州优车离职。刘二海于 2005 年就和陆正耀结识，并帮助陆正耀成立了神州优车。

另外，通过核心骨干的股权比例也可以看出一些端倪。在瑞幸的初期发展阶段，陆正耀持有 30.53% 的股权，远高于钱治亚（股权比例为 19.68%）。当时，瑞幸的权力架构明朗，即钱治亚在台前做主理人，陆正耀在幕后把握全局。

在 A 轮融资阶段，瑞幸获得了联想投资（2012 年更名为"君联资本"）的投资。而值得一提的是，早在 2006 年陆正耀成立联合汽车俱乐部（UAA）时，联想投资便为其投资了 800 万美元。相信在 A 轮融资时，陆正耀应该为瑞幸介绍了很多不错的社交资源。

总体来说，瑞幸之所以可以发展到现在的规模并获得巨额融资，与钱治亚、杨飞等骨干成员在神州优车工作时积累的社交资源有很大关系。如今，瑞幸已经开设了上万家门店，扩张速度与星巴克相比有过之而无不及，增长情况和规模在连锁咖啡品牌界也是名列前茅。

5.1.2　借助社交媒体的力量

如今，社交媒体的应用范围越来越广，一些创业者甚至可以通过微博、抖音、今日头条等平台找到心仪的投资者。创业者可以在这些平台上向投资者发送私信，但一定要把握好度，不能进行信息"轰炸"，否则对方很可能因为被骚扰而产生厌烦情绪。

另外，在发私信给投资者时，创业者应编辑好内容，将公司和项目的大致情况介绍一下。而且，创业者还要让投资者知道这些内容是专门发送给自己的，并不是统一的模板。创业者也可以直接将商业计划书私信发给投资者，不过前提是商业计划书的质量足够高。

创业者也可以利用微信、QQ 等比较私密的社交软件和投资者接触。当然，这需要创业者有较为丰富的社交资源。例如，某电影制作人就依靠微信拿到了上百万元的资金，最终使电影顺利发行并获得高票房。

在上映前，此电影已经筹备了很多年，团队的压力非常大。制作人表示，如果按照"老套路"运作，那么票房最多不会超过一亿元。于是，他决定另辟蹊径——在微信朋友圈发消息为电影筹集资金。他介绍了电影的内容和优势，做出了"保底分红"的承诺。发了朋友圈后，很多人加入了他的"电影众筹"微信群，最终筹集到的资金达到上百万元。

在上述案例中，该制作人通过微信为电影筹集资金，成功的原因有一部分来自众人对项目和他本人的信任。如果创业者在业内有一定的名气或影响力，或者拥有丰富的社交资源，就可以借助社交媒体寻找投资者。

5.1.3　寻求融资服务机构的帮助

在硅谷，有 Ron Conway（罗恩·康韦）、Jeff Clavier（杰夫·克拉维尔）、Mike

Maples（麦克·梅波）等知名投资者；在我国，有张野、祁玉伟、陈向明、徐小平等天使投资者。

可以说，投资者遍布世界的每一个角落，他们中有些人曾经创立过公司，后将公司卖出，有些人是非常成功的创业者，有些人是投资领域的专业投资者，还有些人是投资机构的创始人。而融资服务机构就是创业者与这些投资者之间的纽带，可以很好地将二者连接起来。

投资者的时间是很宝贵的，但如果创业者手握前景非常广阔的项目，又有融资服务机构的引荐，那他们还是愿意与创业者接触的。融资服务机构有丰富的经验，对大部分投资者了如指掌，可以为创业者介绍投资者。融资服务机构介绍的投资者就是创业者的"敲门砖"，仅凭这些投资者的名气，创业者及其项目就可以获得广泛的关注。

即使有了融资服务机构的支持，投资者也不一定会投资。如果创业者没有拿到投资者的投资，那也不用沮丧；而如果顺利拿到了投资，则要为之庆幸。

商业界对于创业者是否应该寻求融资服务机构的帮助存在争议。因为有些融资服务机构决策缓慢，附加值比较低，而且会向创业者提出比较苛刻的条件，致使创业者在下一轮融资中举步维艰。当然，我们也不能将融资服务机构"一棒子打死"，因为它们也成就过不少项目。

但应注意的是，当创业者准备寻求融资服务机构的帮助时，要提前对它们的声誉做一些调查，否则可能面临较大的风险。

5.1.4　浏览创业孵化平台

创业孵化平台上往往有很多知名的大众创业导师、天使投资者，而且会定期举办一些路演活动。路演由创业孵化平台主持，创业者负责对项目的市场前景、商业模式、团队情况等进行讲解，导师、投资者则会与之交流、探讨。

在创业孵化平台上，投资者对项目是否做出投资决策往往取决于其与创业者的思路是否一致。这种一致大多体现在爱好上。双方可以围绕共同的爱好建立信任关系，如约着打一场网球或高尔夫球。这样的活动花费的时间往往不多，但可以让双方迅速了解彼此。

除了创业孵化平台，部分投资者还有专门用于收取项目信息的邮箱。但这些项目大多来自投资者不熟悉的圈子，对投资者判断公司和团队的实际情况提出了较高的要求。

投资者的时间很宝贵，他们通常会选择性价比最高的方式做事。因此，创业者在给投资者发邮件时要思考自己的项目是否有足够的吸引力。

5.2　金牌投资者的四大特征

在投资时，投资者会选择创业者，相应地，创业者也要对投资者进行筛选。金牌投资者拥有四大特征：可以带来有价值的资源；了解公司所处领域；勤奋、不怕苦和累；格局大，能看向未来。找到金牌投资者，融资事半功倍，公司也可以获得更好的发展。

5.2.1　可以带来有价值的资源

几乎所有的投资者都会带着一定的资源和创业者谈论相关事宜，这也是投资者应有的基本诚意。但是，口头承诺的资源并不可信。为了确保万无一失，创业者最好提前问清楚投资者可以提供的资源，判断其是否靠谱。

一次偶然的机会，吴某在火车上认识了张某。因为两人的人生观、价值观都非常相似，所以有很多共同话题。直到到达目的地，两人似乎还有很多话没有说完。于是，两人互留了联系方式，准备进一步交流。

过了一段时间，吴某发现了一个不错的创业方向。但由于资金不足，因此迟迟未能启动项目。某天，吴某像往常一样拨通了张某的电话。在交流的过程中，吴某向张某倾诉自己的烦恼。没想到的是，张某激动地说："你怎么不早说呢？这么好的项目应该尽早着手运作，如果晚了就有可能被别人抢先。资金我有，算我给你投资，以后再需要什么资源，也可以随时和我说。"

听到这番话，吴某非常高兴，觉得这个朋友真是交得太值了。于是，两人约定面谈投资事宜。见面后，张某一直表示资金和资源都不是问题，他可以提供，但他要获得公司 70%的股权，剩下的股权给吴某。吴某思考后答应了。

没多久，张某的资金到位了，吴某的项目很快就运作起来。吴某有非常丰富的经验，项目很快就盈利了。为了扩大业务范围，吴某想让张某提供一些社交资源，发动更多的人宣传产品。但张某表示自己无法提供这方面的资源。

而且就在这时，张某提出要按照股权比例分配公司的利润，这种两难的境地让吴某无所适从。如果吴某在最开始就和张某约定其应该提供的资源，如社交资源、场地、设备等，并且"白纸黑字"地写下来，可能就不会出现这种情况。

融资不是玩游戏，也不是"小孩过家家"，而是涉及股东个人利益和公司发展的大事。如果创业者仅凭投资者的一面之词，就认为对方可以提供各种各样的资源，可能导致公司在发展的过程中面临困境，使自己遭受经济损失。

因此，在融资前，创业者一定要了解投资者可以提供的资源，确定实际情况与其所说相符后，再与其合作。

5.2.2　了解公司所处领域

很多时候，投资者不只是简单地为创业者提供资金，他们还有丰富的投资经验。

如果遇到专业、懂行的投资者，那么创业者不仅可以获得资金、管理上的帮助，还可以获得基础设施建设、发展战略等方面的帮助。

想要了解投资者是否对公司所处领域有深入了解，就要与他们多沟通，向他们请教问题。例如，创业者在问投资者"您平时重点关注哪些领域"这个问题时，大多数投资者的回答都很模棱两可："移动互联网、智能硬件、AIGC，这些我都关注。"

总之，他们的回答会尽可能地笼统，以防错失好项目。这样回答对投资者是有利的，但是会影响创业者对投资者专业度的判断。众多实例证明，如果投资者足够专业，就会对公司所处领域有深入的分析和研究，并让创业者看到其想要投资的诚意，而不是敷衍。

如果是大型的投资机构，那么创业者可以从组织结构上看出其是否专业、懂行。一些投资机构有专属的市场营销部门，还有专门负责处理外部信息和各种投资组合的部门。

其中，处理外部信息的部门可以帮助创业者完成新闻发稿等工作；而处理各种投资组合的部门则对行业有深入了解，可以帮助创业者优化公司各部门之间的组合，使它们互相促进、共同提升。在遇到这种优秀的投资机构时，创业者一定要把握机会。

5.2.3　勤奋、不怕苦和累

很多人可能都听说过这样一句话："世界上最可怕的事是，比你优秀的人，比你还勤奋。"有些投资者希望通过自己的努力获得更高的回报，也希望自己可以比其他投资者更优秀。对创业者来说，这样的投资者是极具价值的合作伙伴。

风险投资者童士豪以其精准掌握并善用时间的品质在业内出名。往返国内和国外，他不需要调整时差。无论是在国内还是在国外，他都会工作到深夜。

某互联网垂直招聘网站的联合创始人童小侃与童士豪是斯坦福大学的校友。童小侃表示，童士豪是著名的"工作狂"，经常开会到大半夜，然后在酒店游泳后睡两三个小时起来继续开晨会。

对于童士豪深夜工作的情况，他的朋友和员工已经习以为常了。有一次，投资团队在酒店开会到晚上 10 点多，参会的人都已经精疲力竭，散会后就准备休息了，而童士豪和另一位风险投资者李宏玮则继续精力充沛地投入下一场会议中。

李宏玮是业内知名的女性投资者，曾经登上福布斯全球最佳风险投资者排行榜。她经常晚上坐飞机，第二天早晨参加会议，精力非常充沛。

在创投圈里，创业者对资本的争夺异常激烈，而投资者对早期优质项目的争夺也越来越激烈。加上 BAT（百度、阿里巴巴、腾讯）等巨头公司的战略投资布局，很多投资者都开始将投资重心前移做早期投资。在这种情况下，投资者要付出越来越多的时间和精力，力求抓住更优质的早期创业项目。

5.2.4　格局大，能看向未来

投资是一项长期工作，这就要求投资者必须用长远的眼光看问题。优秀的投资者往往格局大，具备一定的前瞻性，可以看到 3～5 年后项目的发展前景。他们思考的是未来，会被未来有巨大发展潜力的项目所吸引。

例如，风险投资者 Fred Wilson（弗雷德·威尔逊）就是一位具备前瞻性的投资者。如果创业者能与他合作，那将是非常幸运的事情。

Fred Wilson 总结了投资的三大趋势：社会结构的网络脱媒化，产品的定制化，个人的节点化。这三大趋势体现了其前瞻性，使其受到很多创业者的欢迎。Airbnb（爱彼迎）曾经就因为看中 Fred Wilson 在投资方面的前瞻性，多次向他抛出橄榄枝，最终获得其巨额投资。

像 Fred Wilson 这样具备前瞻性的投资者能够预测到可能出现的问题，并将这些问题扼杀在摇篮里。他们会仔细分析与项目相关的所有环节，降低或消除出现问题的可能性。与此同时，他们也会谨慎地做出投资决策，提前制定解决问题的方案。

如果投资者拥有丰富的知识和实践经验，了解整个行业的变化趋势，并收集了很多前沿信息，那他们就能预测到项目的走势。具备前瞻性的投资者会不断培养自己的学习能力，及时获取自己所关注领域的新闻和数据，同时会深入研究自己所关注的公司，了解该公司的经营与管理情况，对该公司的发展了然于胸。

5.3 火眼金睛：识别冒牌投资者

很多创业者在融资的过程中都会忽视对投资者进行调查，导致一些不法分子利用创业者急于融资的心理进行诈骗。不够谨慎的创业者很容易落入这些不法分子设好的圈套中，结果不仅融资失败，还损失了精力、时间、金钱。因此，创业者应该练就"火眼金睛"，识别冒牌投资者。

5.3.1 什么样的投资者可能是骗子

如今，融资界鱼龙混杂，出现了很多冒牌投资者。这些投资者利用创业者急于筹钱的心理，以各种方式对创业者进行诈骗。在融资的过程中，如果创业者不慎遭遇骗局，那么之前的所有努力可能都会付诸东流，而且会遭受经济、声誉等方面的损失。

因此，在融资时，创业者必须学会识别冒牌投资者，具体可以从以下几个方面入手。

（1）冒牌投资者为了吸引创业者，会给自己的公司起一个响亮的名称。例如，某冒牌投资机构在美国注册，起名"美国国际投资集团"。不少创业者融资心切，轻信了该机构，毕竟该机构从名称上看是光鲜亮丽的。

（2）缺少工商注册信息。冒牌投资者的公司通常都没有工商注册信息，因为它们的业务是不合法的，很难通过相关部门的审核。创业者在与投资者合作前，应该对其公司的工商注册信息进行查询，查询渠道包括工商行政管理机关主办或认可的信息查询网站、公司所在地的工商行政管理机关等。

（3）绝大多数冒牌投资者行骗的目的都是赚钱，因此他们会以各种名目向创业者收取费用，如估值费用、尽职调查费用等。而真正的投资者不会向创业者收取费用，因此如果遇到经常索要费用的投资者，创业者必须谨慎。

（4）真正的投资者是懂投资的，至少对投资的相关概念不陌生，如估值、尽职调查、投资意向书、投资协议等。如果对方对投资的理解很浅显，甚至根本不知道投资步骤，那么他大概率是冒牌投资者，创业者应该提高警惕。

（5）冒牌投资者是有帮手的，如冒牌律师事务所、冒牌会计师事务所等。这些投资者会向创业者推荐没有资质的冒牌中介机构，并要求创业者向对方支付一定的费用。这些费用通常由投资者与冒牌中介机构平分。

总之，冒牌投资者的行骗手段五花八门，而且随着时代的发展，可能还会出现一些新手段。但冒牌投资者总会露出马脚，创业者要多问、多思考、多检查，轻易不要掏钱，这样就不会那么容易被骗了。

5.3.2　警惕真投资者的陷阱

冒牌投资者设置融资骗局的目的是获取创业者的钱，一般不会对创业者造成致命打击。而真投资者设立融资陷阱的目的比较复杂，有可能是获取公司的商业机密，也有可能是让创业者创业失败，更有可能是夺取对创业公司的控制权，因此创业者要格外小心。下面讲解常见的三大融资陷阱。

1．获取公司的机密数据

被投资者骗走公司机密数据的案例在创投圈屡见不鲜。有些创业者想要创业却没有好的创意，于是假扮投资者，以投资者的身份参加各种融资沙龙、峰会，在需要融资的创业项目中，找寻与自身较为匹配的项目。等到沙龙结束后，这些"投资者"就会私下与创业者进行深入沟通，从而继续考察项目，深入了解项目的运作流程和核心要点。获取足够多项目相关的信息后，他们就果断退出，自己另外创建类似的项目。

为了降低风险，创业者可以与投资者签署保密协议，防止公司的商业机密被泄露。保密协议里可以做出如下规定："双方因投资意向关系获得的对方未公开资料仅限于指定用途，未经对方许可不得用于其他目的或者向第三方泄露。"如果投资者违反了保密协议中的条款，那么投资者将构成违约，创业者可以要求其赔偿或通过法律途径维护自己的权益。

2．跳票、放鸽子

投资者既担心好项目被别人抢走，又担心投错项目或对公司的估值偏高，因此通常采取"广泛撒网，重点捞鱼"的策略。这是合情合理的，更何况投资条款清单没有法律效力，投资者可以在签署了投资条款清单后不投资。然而，创业者是等不起的，一旦错过最佳的融资时机，公司就有可能因为现金流中断而倒闭。

如果创业者想融资，又不想太多人了解项目，则可以要求投资者支付一笔保证金才能进行尽职调查，以约束投资者的行为。对于投资者"放鸽子"的行为，很多业内人士认为，创业者和投资者都不容易，只要没有签署最后的融资合同，谁反悔都是允许的，创业者应该做好心理准备。

3．故意拖延，拉低估值

故意拖延，拉低估值是投资者经常使用的招数。这类投资者最初与创业者接触时，显得平易近人，对项目的投资热情非常高，甚至要求立即签署投资意向书。此时，投资者在股权分配、估值等方面表现得非常宽容，基本会满足创业者的各种要求。

然而，在签署投资意向书时，投资者会要求签署时间尽可能长的排他条款。一旦创业者签署了此条款，就变得被动。投资者最初只是拖延时间，以资金周转不灵或其他借口敷衍创业者。总之，投资者会表现出可能无法投资的迹象，但是又没有明确表示拒绝投资。

一段时间后，创业者开始焦躁不安，因为现有资金已经无法支撑公司接下来的运营了。投资者则开始趁机拉低估值，此时创业者别无选择，只能忍痛答应投资者的不合理要求。

贬低项目和拖延时间都是投资者拉低估值的手段，创业者很可能因此而损失惨重。毕竟，对正在融资的公司来说，最重要的就是时间和估值了。因此，对于投资者的这一恶意行为，创业者要有所防范，避免掉进投资者精心设计的陷阱中。

5.3.3 案例分析：被冒牌投资者骗走上万元

李某于 2020 年年底在深圳创办了一家小公司，到 2023 年年底已经三年了，公司发展得很好。李某想扩大公司的规模，于是想到了融资。李某先后找了很多家风险投资机构和投资中介公司，它们都以公司规模较小为由拒绝向李某投资。

后来，一家声称总部在美国的投资集团表示出投资意向，李某非常高兴。双方第一次见面洽谈得非常顺利，该投资集团的代表人杨经理详细地了解了李某的项目，给出了很高的评价。李某非常感激杨经理对他的青睐，因此在杨经理提出考察项目的可行性并按照他们的规定由李某预付一万元的考察费时，李某立即同意了。

随后，在估值环节，杨经理说道："价格我们说了不算，您说了也不算，应由有资质的评估公司做出价值评估。"停顿片刻，杨经理看了李某一眼说，"我们可以给您推荐一家深圳著名的评估公司，但按照规定，费用由您自己支付。"

李某来到杨经理推荐的评估公司咨询，评估公司的工作人员给出了评估费用——3.2 万元。虽然这不是一笔很高的费用，但李某还是有一些犹豫，担心受骗。这时，杨经理的电话打来了。杨经理询问了李某这边的情况，表示他们可以承担 10% 的费用，而且说这已经是破例了。

李某想到自己之前在网上查过这家投资集团，相关部门也有登记，而且在某商业报刊上还有该投资集团中国区负责人考察项目的报道。于是，李某打消心中的疑虑，支付了 2.88 万元的费用。评估报告出来后，李某与杨经理签署了投资意向书，杨经理告诉他一个月后资金就会到账。

随后一段时间，李某每天都很高兴，计划在获得资金后如何扩大公司的规模。然而，过了一个月，李某没有获得该投资集团的资金。李某联系杨经理，杨经理在电话中说："公司总部认为您的商业计划书不合格，按照规定，您必须重新制作商业计划书，制作单位由我们指定，钱您出。"

李某没有任何犹豫就拒绝了。杨经理没有放弃，接着说："商业计划书不改也可以，但审慎调查报告不能少，而且要中英文双语版，同样是制作单位由我们指定，钱您出。"

杨经理通过各种名目收取费用的行为让李某不得不相信自己遇到了冒牌投资机构。为此，李某决定与杨经理面谈，以了解真实情况。然而，该投资集团搬走了，李某不知道它的去处。最后，李某只能咽下"苦果"，只当花钱买了个教训。

很多创业者认为，融资是投资者给自己钱，不会遇到骗子。其实在现实生活中，事情远远没有那么简单。很多高明的骗子利用创业者急于获得融资的心态，让创业者觉得自己遇到了"贵人"。这些骗子会谎称自己的公司规模大、专业程度高，以取得创业者的信任，然后对项目大加赞赏，最后借考察项目的名义骗取考察费用、公关费用等，收费后就销声匿迹。

5.4 创投关系维护之道

有些创业者在拿到资金的第一时间就与投资者断了联系，不让投资者参与公司的经营与管理，也不和投资者共享信息。但融资不是"一锤子买卖"，即使投资者的资金已经到账，创业者也要和他们保持沟通，让他们为公司的发展出谋划策。

5.4.1 定期与投资者联系

为了更好地维护创投关系，创业者要找到一种礼貌的方式与投资者保持联系。有可能的话，见面次数越多越好，这样会提升项目成功融资的概率。

有的创业者在与投资者见面后就单方面等待投资者联系自己，认为投资者不联系自己是对项目没有兴趣。事实并非如此，投资者一般都很忙，可能无暇顾及或遗忘了。因此，在见面后的第二天，创业者应该发一封简短的感谢邮件给投资者。

在联系投资者的过程中，注意分寸是很重要的，即在持续的联系与打扰之间保持一种微妙的平衡。随着融资经验越来越丰富，创业者会逐渐达到这种平衡，但要注意不能越界，否则很可能使投资者感到厌烦。

当创业者得偿所愿再次见到投资者时，可以微笑着对投资者说："非常抱歉，我总是催促您与我会面，但我想您一定更愿意投资一家像我们这样尽力争取资金、谋求发展机会的公司，对吧？"与投资者联系但保持分寸感是一种人与人之间相处的艺术，创业者应该在生活中锻炼这种能力。

5.4.2 为投资者排忧解难

如果生活是一场旅行，那么投资则是一场探险，中途会遇到各种各样的突发情况，让投资者应接不暇。如果创业者看到了投资者的问题，并帮助他们解决，那么投资者也会对创业者产生好感。当然，对创业者来说，这样也相当于为自己的融资之路增加了一份保障。

Sequoia Blodgett（红杉·布洛杰特）是一位从娱乐行业转行到科技行业的创业者，创立了在线教育公司 7AM。硅谷知名投资者 Tim Draper（蒂姆·德雷珀）是 Sequoia Blodgett 的天使投资者。

Sequoia Blodgett 是如何吸引 Tim Draper 的呢？Sequoia Blodgett 本来是音乐、娱乐领域的工作者，由于生了一场大病，Sequoia Blodgett 无法继续原来的工作，于是决定创业。

在得知 Tim Draper 发起创业指导项目"英雄学院"后，Sequoia Blodgett 非常想进入学院学习创业课程，因为 Sequoia Blodgett 知道，这一课程肯定有利于自己日后创业。

然而，英雄学院的学费非常高，七周的课程需要近一万美元。因为支付不起昂贵的学费，所以 Sequoia Blodgett 想出通过众筹的方法筹集学费。

Sequoia Blodgett 打电话给朋友和曾经的同事，希望得到他们的帮助。一个朋友告诉她，某个电台节目的负责人正在做一档火爆的电台节目，她可以上节目筹资。于是，Sequoia Blodgett 想到了一种方法：如果自己和英雄学院的学员一起出现在这个节目上，那这样不仅可以为自己众筹学费，还能帮助英雄学院提升知名度。

令 Sequoia Blodgett 意想不到的是，英雄学院的创始人 Tim Draper 居然找到自己，提出要与她一起上节目。在此之前，Sequoia Blodgett 没有见过 Tim Draper。

Sequoia Blodgett 和 Tim Draper 在那家电台完成了一期非常成功的节目，两人的关系也因此亲近了很多。随后，她成功进入英雄学院学习创业课程，并且拿到了 Tim Draper 的投资。

Sequoia Blodgett 认为自己之所以能拿到 Tim Draper 的投资，是因为自己提供了一些东西，而这些东西恰好可以帮助 Tim Draper。Sequoia Blodgett 表示，想要获得投资，仅有商业计划书是不够的，创业者要思考自己能给投资者带来什么额外的价值。在这个基础上，创业者再去和投资者接触，融资就会容易很多。

通过 Sequoia Blodgett 的案例我们可以知道，创业者在接触投资者前，应该了解投资者当前是否遇到一些麻烦，或者自己是否可以为投资者提供一些帮助。这是创业者和投资者建立良好关系的一种有效方法，可以提高公司顺利融资的概率。

5.4.3　让投资者参与预期目标管理

创业者和投资者出现纠纷，导致公司发展受限的事情屡屡发生。确实，双方在某些方面的诉求是有一定差异的，为了消除差异，维护双方的良好关系，使项目获得更稳定的发展，创业者应该学会与投资者共同管理预期目标。

创业者可以通过以下方法与投资者共同管理预期目标，如图 5-1 所示。

1	向投资者分享公司的使命和价值观
2	向投资者分享有价值的实例
3	加强与投资者的沟通

图 5-1　创业者与投资者共同管理预期目标的方法

第一，向投资者分享公司的使命和价值观。首先，创业者要问自己一些问题："我创立公司的目的是什么？""创业团队应遵守的准则是什么？""我的计划是什么？"
回答完这些问题，创业者就能明确公司的使命和价值观了。其次，让投资者了解公司
的使命和价值观。在向投资者介绍公司的使命和价值观时，创业者可以向投资者发放
一些提示卡，通过 PPT 介绍每项内容。这种方法可以让投资者选择自己感兴趣的内容
进行了解，节省了双方的时间。

第二，向投资者分享有价值的实例。一些可以体现公司特质的实例对投资者来说
更有说服力。

第三，加强与投资者的沟通。创业者可以定期召开投资者会议，与投资者讨论公
司的发展计划。也可以通过和双方都认识的朋友共同举办聚会等方式与投资者保持联
系，这样不会过度打扰投资者。

与投资者共同管理预期目标可以防止双方在公司的发展方向上产生重大分歧。另
外，即便双方出现小矛盾，也能通过这种方式及时解决，不至于造成重大问题。

6 第 6 章
分阶段稀释股权：股权随势而变

股权稀释有两层含义：一是公司增发股票，导致原股东的股权比例降低；二是当公司继续融资时，新投资者的股价低于早期投资者，导致早期投资者所持股票的资产值降低。在公司发展的过程中，股东的股权被稀释不可避免，创业者必须提前制定合理的应对方案。

6.1 融资准备阶段的股权

投资者投资公司，是希望公司能够获得更好的发展，从而使自己获得更高的收益。为了帮助投资者达成这个目标，创业者应该在融资准备阶段就把股权规划好，这样可以避免与投资者在公司发展后期爆发矛盾，影响双方之间的关系。

6.1.1 融资就是把股权转让出去吗

融资是公司为了谋求发展而引进投资者，投资者获得股权、成为公司新股东的过程，通常也称"增资入股"。

一些创业者认为，融资就是把股权转让出去，这其实是一个误区。一般来说，股权转让与融资的受益人是不同的。股权转让属于股东的套现行为，由此产生的收益归股东所有；而融资的受益对象为整个公司，包括创业者、股东，甚至员工。

6.1.2　融资的背后是股权稀释

融资意味着新股东加入和原股东的股权比例降低，原股东的股权被稀释。例如，某公司在天使轮融资中获得 100 万元，出让 10%的股权，则原股东的股权都要等比例稀释。假设该公司有三位创始股东，分别有 30%、30%、40%的股权，那么融资后他们的股权就变成 27%、27%、36%。

如果公司在天使轮融资后发展势头强劲，则会有风险投资者继续增资入股。与其他投资者不同，风险投资者的投资决策通常建立在认同公司的技术和产品的基础上，他们不需要任何财产抵押，直接以资金换取公司的股权。

其中存在的一个问题是融资后的股权稀释情况，即应该给投资者多少股权。给投资者的股权与内部因素（如公司的资产情况、经营情况、技术水平、知识产权管理效果、发展前景等），以及社会因素（如行业发展趋势、政策变化等）息息相关。另外，股东因素（如股东对公司的认可程度、个人的社会地位等）也会影响投资者的股权比例。

因此，股权稀释情况还要根据公司的具体情况，由投资者与原股东协商确定。

6.1.3　引进反稀释机制

反稀释机制是在后续融资的过程中，公司为了防止由于股价下降而使上一轮投资者的股权贬值或股权被过分稀释而采取的保护措施。

例如，A 轮融资的股价为 50 元/股，由于资本市场恶化，B 轮融资的股价降低为

40 元/股。这样 A 轮投资者便难以接受，因为他们的股权贬值了。换句话说，他们投资的价值被稀释了。而如果有反稀释机制，A 轮投资者的利益就能得到保障，他们也不会因此而与公司产生隔阂。

常见的反稀释机制有两种：完全棘轮法、加权平均法。

1. 完全棘轮法

完全棘轮法是指如果公司后续发行的股价比 A 轮投资者投资时的股价更低，则通过补偿投资者部分股权，使其股价与新的发行价保持在同一水平。

假设某公司发行了 200 万股普通股与 200 万股可转换优先股，其中普通股为创业者所有，优先股为投资者所有。另外，公司规定，投资者可以按照 2 美元/股的股价将优先股转换成普通股。之后，该公司以 1 美元/股的股价发行了 50 万股普通股。因为公司急需 50 万美元现金，所以投资者通过对董事会的控制，决定将此轮融资的股价定为 1 美元/股。

在下一轮融资时，由于优先股的发行价跌为 1 美元/股，则根据完全棘轮条款的规定，上一轮融资的优先股转换价格也调整为 1 美元/股，此时投资者的利益就不会受到影响。

2. 加权平均法

与对投资者更有利的完全棘轮法相比，加权平均法更有利于公司的原股东，在国际市场上更常见。如果使用加权平均法，则当后续发行的股价低于上一轮融资的优先股转换价格时，新的转换价格会降低为上一轮转换价格与后续发行股价的加权平均值。

上述两种方法都可以保证股权不被稀释，但从公平的角度来说，加权平均法更合理。

6.2 融资执行阶段的股权

在融资执行阶段，一个比较重要的股权问题是公司内部的股权分配。这里有两个方面要注意：一是如何确定核心成员的股权比例，二是如何设计期权池。

6.2.1 如何确定核心成员的股权比例

在融资执行阶段，公司应如何确定核心成员的股权比例？

首先，如果公司创始团队中的成员都是由某个召集人牵头集合起来的，那么他可以多获得 5% 左右的股权。

其次，通常一个好 CEO 的市场价值会高于一个好 CTO。因此，在公司中，CEO 的股权可以比 CTO 多 5% 左右。虽然这样会显得有些不公平，因为 CEO 的工作强度不一定比 CTO 大，但从公司的整体发展上看，CEO 的作用更大，获得的股权多一些是合理的。

然后，"点子没有价值，执行才是根本"这句话虽然不一定完全正确，但有一定的道理。因此，如果核心成员提供了好的主意、想法，则其股权可以增加 5% 左右。如果最后主意、想法没有落地或无法发挥应有的作用，那么该成员是否应该多获得 5% 的股权还要进一步商议。

最后，如果创业者是第一次创业，而他的团队中有人曾参与成功融资的项目，并在融资的过程中发挥了重要作用，那么这个人比其他人更有价值。在这种情况下，创业者可以多给他 5% 左右的股权。

综上，为核心成员分配股权要注意以上几个方面，但这些方面只能起到借鉴作用，而不是准则。分配股权的根本目的是让核心成员从心底感到合理、公平，从而集中精力工作。

需要注意的是，科学、合理的股权分配计划虽然有助于各方达成共识，但无法替代信任关系的建立。创业者应公开、公正地执行自己的想法，赢得核心成员的由衷认可。

6.2.2 如何设计期权池

公司的期权池规模一般为 10%～20%，期权池具体应该多大，视公司还缺少多少重要员工来决定。缺少的重要员工越多，期权池就越大。

另外，处于早期发展阶段的公司，由于资金有限，没有能力用高薪留住重要人才，就只能用股权提高对人才的吸引力。而一家资金充裕且发展比较成熟的公司，可以用高薪、高福利吸引人才，不需要用到太多股权。因此，处于早期发展阶段的公司，预留的期权池要大一些。如果公司的发展已经相对成熟，人才架构趋于完善，那么期权池就可以小一点。

确定期权池的总量后，创业者就要综合考虑职位、贡献、薪酬、公司发展情况等因素，以确定每位员工可以获得的期权。一般来说，职位等级不同，员工所获得的期权也有所不同；同一个职位的员工，进入公司的时间不同，所获得的期权也有所区别。

对于 VP（Vice President，副总裁）级别的管理者，如果是天使轮融资前进入公司的，则发放 2%～5%的期权；如果是 A 轮融资前后进入公司的，则发放 1%～2%的期权；如果是 C 轮或即将 IPO 时进入公司的，则发放 0.2%～0.5%的期权。对于核心管理人员，包括 CTO、CFO（Chief Financial Officer，首席财务官）等，可以参照 VP 的 2～3 倍发放期权。如果是总监级别的人员，则参照 VP 的 50%或 30%发放期权。

6.3 融资后期阶段的股权

到了融资后期，创业者的股权可能被过度稀释，甚至会威胁到创业者对公司的控制权。此时，创业者要通过有限合伙、二元制股权架构、一票否决权和委托投票权、发行优先股等方式确保自己始终掌握对公司的控制权。

6.3.1　制定有限合伙方案

很多创业者都希望投资者在获得股权后只参与利润分配，不参与公司的经营和管理，因为这样就可以保证自己对公司的控制权。而有限合伙方案就可以帮助创业者实现这一目的。

在有限合伙方案下，公司要成立有限合伙企业，该合伙企业由 GP（General Partner，普通合伙人）和 LP（Limited Partner，有限合伙人）共同设立。其中，GP 与 LP 最主要的区别在于，GP 对合伙企业的债务承担无限连带责任，而 LP 以其认缴的出资额为限对合伙企业的债务承担责任。

GP 与 LP 通过有限合伙企业持股核心公司。其中，GP 一般是核心公司的创始人或其指定人员，行使管理职能，对核心公司有控制权；LP 一般是核心公司的激励对象，不参与核心公司的管理，只享有股权的经济收益。

有限合伙方案能避免由于股权稀释导致创始人及原股东的股权比例降低，最终失去控制权的问题。根据有限合伙方案，GP 虽然对债务承担无限连带责任，但可以作为事务执行人对外代表核心公司，掌握核心公司的绝对决策权与管理权，是名副其实的实际控制人。而 LP 虽然可以获得分红，但没有决策权和对核心公司的控制权。

由此可见，有限合伙方案通过有效分离控制权与股权，能让创业者轻松掌握控制权。同时，借助特有的内部治理机制，有限合伙方案还能降低运营成本，提高决策效率。如果股东通过有限合伙方案持有股权，那么无论是进入还是退出股东之列，流程都更简单。这种进出自由的模式会对投资者产生很大的吸引力，也能很好地避免融资纠纷。

6.3.2 设计二元制股权架构

到了融资后期，在同股同权的一元制股权架构下，创业者很可能因为股权被过度稀释而丧失对公司的控制权。例如，1985 年，苹果公司的创始人乔布斯被踢出了核心团队，就是因为他的控制权随着股权的稀释而旁落。

股东的主要权利包括财产权和投票权两种。对合伙人、投资者、员工等股东来说，与投票权相比，他们更重视财产权，希望可以获得更多的股权分红。创业者则更关心自己能不能控制公司，因此更重视投票权。基于不同主体的差异化需求，创业者可以采用滴滴、拼多多等知名行业巨头都在使用的二元制股权架构。

二元制股权架构就是 AB 股，即把股票分为 A 股和 B 股两类。通常对外发行的 A 股是普通股，只有 1 票投票权；而创始人和骨干团队获得的是 B 股，有多票投票权。通过这样的设计，创始人就能以少量的股权控制整个公司。

通常，A 股在利润分配、优先受偿等方面更有优势，流通性也更好。B 股则不能公开交易，股东想转让 B 股必须先将 B 股转换为 A 股。

二元制股权架构因为可以帮助创业者掌握控制权而备受关注，很多公司都使用这种股权架构，但这种股权架构也存在一些弊端。一方面，在公司发展成熟后，"一股独大"会弱化中小股东的权利。例如，香港交易所就曾经因为大股东罔顾持普通股的小股东的利益肆意妄为，而暂停使用二元制股权架构的公司上市。

另一方面，二元制股权架构适用于发展比较成熟、竞争力强的大公司，而不适用于实力比较弱的小公司。小公司的盈利能力不强，吸引投资者的关键往往在于技术优势、业务优势等。另外，投资者入股小公司更希望自己得到更多的投票权，如果小公司使用二元制股权架构，则不利于投资者获得更多的投票权。因此，使用二元制股权架构的小公司将很难吸引投资者。

6.3.3　重视一票否决权和委托投票权

到了融资后期，新股东越来越多，创业者的股权会被稀释得更严重。为了避免自己被"赶出"公司，保护自己在公司中的话语权和决策权，创业者应该妥善处理一票否决权和委托投票权的相关事宜。

1. 一票否决权

一票否决权是股东的安全"屏障"，可以防止创业者损害股东的利益。如果股东获得了一票否决权，就可以直接否决对自己不利的行为和决策。那么，为了掌握控制权，创始人应该如何处理一票否决权呢？比较直接的做法是限制一票否决权的范围。

例如，只有在针对最重大事项和日常经营重大事项进行表决时，股东才可以使用一票否决权。其中，最重大事项主要包括股权架构调整，公司合并、分立、解散，公司章程变更等；日常经营重大事项则包括核心业务调整、管理层的任命与免职、预算外交易、非常规借贷或发债等。

除了限制一票否决权的范围，限制一票否决权的条件也是不错的做法。创业者可以规定股东只能在特定事项或对其利益有重大损害的事项上使用一票否决权。例如，公司被收购，但收购价格不低于特定估值，此时股东不可以使用一票否决权。这样有利于避免股东对收购的回报期望过高，从而阻止公司被收购。

当然，一票否决权的范围和条件具体是什么，就看各方的谈判结果如何了。

2. 委托投票权

京东在美国纳斯达克上市前，已经进行了多轮融资。当时，刘强东持股 18.8%。为了保障自己对京东的控制权，刘强东使用了一种比较好的方法：与 DST、红杉资本、中东投资者、高瓴资本、腾讯等大股东签订委托投票权协议，在京东上市前获得 51.2% 的投票权。

简单来说，刘强东通过签订委托投票权协议，获得激励对象和投资者的投票权，将京东牢牢控制在自己手中。签订协议后，激励对象和投资者的投票权就由刘强东代为行使，但他们依然享有分红权、增值权和处置权等多项权利。

一票否决权和委托投票权能够保障投资者与创业者的利益，帮助他们实现自身诉求。通过这两项权利解决股权稀释问题，无论最终成功与否，都能对一些重大决策进行约束，从而引导各方做出更有利于公司发展的决策。

6.3.4　为股东发行优先股

优先股指的是股东享有优先权的股票，这类股票在分配盈利和剩余财产时优先于普通股。换言之，与普通股股东相比，优先股股东在分配盈利和剩余财产时享有优先权。

发行优先股曾经是国外一些公司的创始人用来保障自己对公司的控制权的有效方法。早在 19 世纪，优先股就已经在美国出现了，美国也成为当时全球最大的优先股市场。现在我国的优先股制度发展得越来越成熟，受到了诸多公司的欢迎。

以晨鸣纸业为例，其通过发行优先股进行融资，实现了良好的发展。为什么晨鸣纸业选择发行优先股进行融资？

首先，晨鸣纸业的普通股股价较低，发行普通股对投资者的吸引力较小。为了吸引更多的投资者，以顺利完成融资，晨鸣纸业选择发行优先股。

其次，在股权架构方面，晨鸣纸业的股权比较分散。如果发行普通股进行融资，那么大股东的股权会被进一步稀释，从而影响大股东的控制权。而发行优先股不会对大股东的控制权产生影响。

最后，在资本构成方面，晨鸣纸业的资产负债率较高，财务风险很大。为了降低资产负债和财务风险，晨鸣纸业选择发行优先股进行融资。发行优先股后，晨鸣纸业持续走高的资产负债率大幅度下降，这表明发行优先股在资本结构优化方面能够发挥作用。另外，发行优先股让晨鸣纸业的盈利能力得到了有效提高，净资产收益率、净利润、每股收益等指标也都有所提高，使公司获得了进一步的发展。

总之，从短期来看，发行优先股不会稀释股东的股权，也不会影响公司的控制权格局；从中期来看，发行优先股能实现净资产规模增长，优化公司的资本结构，提升公司的盈利水平；从长期来看，发行优先股可以加速业务规模的扩张，提升公司的抗风险能力，推动公司长久发展。

7 第 7 章
退出机制：保障股东安全退出

在公司发展的过程中，可能出现股东退出的情况。如果没有提前制定退出机制，则可能引发股权纠纷和争议。因此，公司要制定完善的退出机制，保证在股东退出公司时，其所持股权可以得到合理的处置，从而维持公司的稳定。

7.1 常见退出情况大盘点

在公司经营的过程中，股东退出主要涉及三种情况：提前约定退出、中途退出和被解雇后退出。对于不同的情况，公司应制定相应的策略，确保股东能够顺利、平稳退出，从而实现稳定经营。

7.1.1 提前约定退出

股东退出公司意味着他们将不再参与公司的未来经营活动。为了保障其他股东的合法权益，降低股东退出可能带来的风险，一些公司在初创时便制定退出机制，明确股东在退出时应遵循的规则和处理方式。

例如，股东之间可以签署协议，规定当任何一方决定退出时，将放弃与股权相关的所有权利。然而，公司仍会对股东的历史贡献表示认可。这种机制既对股东有一定的约束力，又确保公司与股东能够"和平分手"。

如果事先没有制定退出机制，公司和股东就很容易陷入对立的局面。一旦事态恶化，不仅会影响公司的形象，还可能阻碍公司的正常经营。例如，某公司的一位股东在离职时要求将其股权变现，公司决定按照该股东 3 年前认购股权时的原价 300 万元，以 1∶1 的比例进行退股。

然而，该股东认为，由于上一年公司的实收资本从 20 亿元增加到 30 亿元，因此他的股本也应相应地增加到 450 万元。此外，他认为上一年公司的年度每股净资产为 3 元，而非公司所计算的 1 元。按照他的计算，公司尚欠他 1050 万元未兑现。

最终，该股东将公司告上法庭，要求追加 1050 万元的股权回购款。这一事件在社会上引起了广泛关注，严重损害了公司的形象。

在这个案例中，公司和该股东各执一词。由于公司事先未与该股东明确退出机制，导致该股东认为自己的付出未得到应有的回报。最终，双方关系破裂，不欢而散。因此，提前制定退出机制对于公司处理股东退出时可能引发的股权争议至关重要。

在股东退出公司时，公司会回购股东持有的股权。回购股权相当于公司对股东投资的买断，即购买股东手中股权的未来收益。为了确保处理得当，公司需要遵循一个原则和三种方法。

一个原则是承认股东的历史贡献。尽管股东退出后不再参与公司的未来经营与发展，但公司不能忽视他们曾对公司做出的贡献。如果公司在这方面处理不公，则很容易激化与退股股东之间的矛盾，甚至可能导致在职股东对公司失去信心，进而阻碍公司的发展。

三种方法分别如下，如图 7-1 所示。

图 7-1　提前约定退出的三种方法

1. 从源头限制股权收益

从源头限制股权收益是指股东获得股权收益是有限制条件的，体现在两个方面：一是获得条件，二是出售条件。

在获得条件方面，限制性股票主要用于激励员工。根据《上市公司股权激励管理办法》的规定，限制性股票要规定激励对象获授股票的业绩条件。公司通过评估员工的业绩目标完成度，来决定是否给予其相应的股权激励。这种"多劳多得"的机制可以激发员工的工作积极性，促使员工努力工作，但公司需要加强管理，以避免出现恶性竞争的情况。

在出售条件方面，股票市价条件、年限条件、业绩条件等都可以作为限制股东出售股权的条件。根据《上市公司股权激励管理办法》的规定，限制性股票自授予日起，禁售期不得少于一年。这种规定可以避免股东在获得股权后随意抛售，有助于增强股东的稳定性。

通过与股东提前约定获得条件和出售条件，公司可以从源头上规定股东的业绩目标和在职年限，既避免了股东不劳而获，也避免了股东轻易提出离职。如果股东离职，则公司可以根据其业绩目标完成度和工作时间回购其股权，从而避免了股东离职后因股权问题与公司产生纠纷。

2．分期支付股权

不同的经营模式对应不同的股权分期方式，常见的经营模式有以下四种。

（1）分工协作经营模式。分工协作经营模式是指公司在经营的过程中尽可能与大公司合作，避免在业务上与大公司直接竞争，而是成为大公司的合作伙伴。

（2）特许权经营模式。特许权经营模式是连锁经营的一种常见形式，是指公司将自己的商标、产品、专利技术授权给第三方，按照合同规定收取费用，同时确保对方在统一的业务模式下经营。

（3）利基经营模式。利基经营模式是指公司选择一个特殊的利基市场，重点经营某一种产品或服务，以创造独特的竞争优势，满足消费者多样化的需求。

（4）虚拟经营模式。虚拟经营模式是知识型经济的产物，在这种经营模式下，公司只保留核心功能和高增值的部分，如生产、营销、财务等，而将其他低增值的部分虚拟化，以最大限度地利用资源。

这四种经营模式对应的市场定位、经营方式和经营理念都不相同，公司可以根据实际情况选择合适的经营模式和股权分期方式。常见的股权分期方式有以下四种。

（1）分期 4 年，每年兑现 1/4 的股权。

（2）股东必须工作满两年，两年之后股权兑现 50%，第三年、第四年分别兑现 25%。

（3）根据股东的工作年限逐年增加，即第一年兑现 10%、第二年兑现 20%，以此类推。

（4）股东工作满一年后，股权兑现 1/4，剩下的股权，每个月兑现 1/48。

这四种方式均要求股东至少工作满一年，工龄越长，获得的股权越多，这种设计增加了股东与公司的黏性。同时，在股东离职后，公司可根据其工作年限计算退出价格，避免纠纷。

3．确定具体的退出价格

在和股东约定退出机制时，具体的退出价格是一个值得探讨的问题。股权的价值会随着公司的发展而变化，如股东购买股票时的股价是 1 元/股，但公司发展几年后，股价可能变为 2 元/股。因此，在确定具体的退出价格时，公司应考虑两个关键因素：一是退出价格的基数，二是溢价或折价的倍数。

通过提前与股东明确具体的退出价格，公司可以确保在股东退出时有明确的依据，这个退出价格是经过双方认可的方式计算得出的，从而避免了公司与股东之间在退出价格上产生冲突。

7.1.2　中途退出

在公司经营的过程中，由于多种原因，如经营不善、股东个人资金周转出现问题等，股东可能提出中途退出的要求。但《公司法》第五十三条第一款规定："公司成立后，股东不得抽逃出资。"因此，公司股权不能直接退回，只能通过转让的方式进行处理。常见的中途退出方式有以下两种。

（1）某股东退股，由其他股东接收其股权。

在这种情况下，不需要对公司的资产进行全面的清算。公司只需根据现有净资产的情况，对转让所得与损失进行相应的处理即可。

（2）股东决议，不继续经营公司。

在这种情况下，需要对公司的资产进行清算，并请中介机构出具清算报告。此外，还需清理债权债务、缴纳相关税费、妥善处理员工的劳动关系和社保、编制清算财务报表等。如果清算后有剩余资产，则按照持股比例分配给股东。

一般而言，在以下三种情况下，股东可以中途退出。

1. 股权转让

股东可以通过股权转让的方式中途退出。股权转让方式有两种：一是股东之间转让，二是向股东以外的人转让。

（1）股东之间转让。《公司法》第八十四条第一款规定："有限责任公司的股东之间可以相互转让其全部或者部分股权。"这种股权转让方式是股东内部的个人行为，不需要征求其他股东的同意。

但《公司法》第八十四条第三款规定："公司章程对股权转让另有规定的，从其规定。"因此，一些公司为了避免内部控制权之争，往往会在公司章程中做出相关规定，限制股东内部转让股权的行为。

（2）向股东以外的人转让。《公司法》第八十四条第二款规定："股东向股东以外的人转让股权的，应当将股权转让的数量、价格、支付方式和期限等事项书面通知其他股东，其他股东在同等条件下有优先购买权。股东自接到书面通知之日起三十日内未答复的，视为放弃优先购买权。两个以上股东行使优先购买权的，协商确定各自的购买比例；协商不成的，按照转让时各自的出资比例行使优先购买权。"

2. 申请退股的法定情形

《公司法》第八十九条规定了有限责任公司股东申请退股的法定情形：

有下列情形之一的，对股东会该项决议投反对票的股东可以请求公司按照合理的价格收购其股权：

（一）公司连续五年不向股东分配利润，而公司该五年连续盈利，并且符合本法规定的分配利润条件；

（二）公司合并、分立、转让主要财产；

（三）公司章程规定的营业期限届满或者章程规定的其他解散事由出现，股东会通过决议修改章程使公司存续。

自股东会决议作出之日起六十日内，股东与公司不能达成股权收购协议的，股东可以自股东会决议作出之日起九十日内向人民法院提起诉讼。

公司的控股股东滥用股东权利，严重损害公司或者其他股东利益的，其他股东有权请求公司按照合理的价格收购其股权。

公司因本条第一款、第三款规定的情形收购的本公司股权，应当在六个月内依法转让或者注销。

在公司还能存续的情况下，股东不能轻易提出退股，相关法律也不会予以支持。

3. 公司解散

公司解散有以下两种情况。

（1）根据公司章程规定或股东会决议而解散公司。《公司法》第二百二十九条规定：

公司因下列原因解散：

（一）公司章程规定的营业期限届满或者公司章程规定的其他解散事由出现；

（二）股东会决议解散；

（三）因公司合并或者分立需要解散；

（四）依法被吊销营业执照、责令关闭或者被撤销；

（五）人民法院依照本法第二百三十一条的规定予以解散。

公司出现前款规定的解散事由，应当在十日内将解散事由通过国家企业信用信息公示系统予以公示。

由此，股东会决议解散公司实际上是股东通过这种方式取得了依法退股的资格，在公司清算完各项费用、员工工资及债务后，剩余所得可以由股东按比例进行分配。

（2）特殊情况下股东可申请人民法院强制解散公司。《公司法》第二百三十一条规定："公司经营管理发生严重困难，继续存续会使股东利益受到重大损失，通过其他途径不能解决的，持有公司百分之十以上表决权的股东，可以请求人民法院解散公司。"

若公司最后没有解散，申请解散的股东可以将自己的股权转让给其他股东或第三人，以这种方式退掉自己的股权。

7.1.3　被解雇后退出

随着公司的不断发展，引进优秀人才成为维持公司高效运转的关键。然而，许多公司都会面临一个棘手的问题：如何处理那些已不适合公司发展或因重大过失影响经营的老员工，尤其是那些担任管理职务和持有公司股权的员工？这一问题如不及时解决，将严重阻碍公司的正常经营和长远发展。

例如，梁某持有某连锁电器公司 5% 的股权，并担任一家分店的经理。工作一年后，他开始兼职从事保险销售工作。一年内，他与下属员工签订了 6 份保险合同。

后来，该连锁电器公司总部收到举报，称梁某滥用职权向下属员工销售保险。公司以梁某滥用职权向下属员工销售保险，严重违反公司的规章制度和劳动合同为由，解除了与梁某的劳动合同，并以其损害了公司其他股东的利益为由，单方面通知梁某撤销其股东身份，其原有股权由其他股东作价购买。

梁某认为自己兼职售卖保险并未给公司带来损失，因此不接受公司的处理决定。他向劳动争议仲裁委员会提出申诉，获得了 18 万元的经济补偿。但双方对这一结果均不满意，于是向当地人民法院提起诉讼。

法院经审查后认为，该连锁电器公司对高级管理人员兼职有明确规定且已公示，因此应对梁某进行约束。

《中华人民共和国劳动合同法》第三十九条规定：

劳动者有下列情形之一的，用人单位可以解除劳动合同：

（一）在试用期间被证明不符合录用条件的；

（二）严重违反用人单位的规章制度的；

（三）严重失职，营私舞弊，给用人单位造成重大损害的；

（四）劳动者同时与其他用人单位建立劳动关系，对完成本单位的工作任务造成严重影响，或者经用人单位提出，拒不改正的；

（五）因本法第二十六条第一款第一项规定的情形致使劳动合同无效的；

（六）被依法追究刑事责任的。

梁某确实违反了劳动合同，该连锁电器公司解除其职务并无不当，而且无须向其支付经济补偿金。《公司法》第四条规定："有限责任公司的股东以其认缴的出资额为限对公司承担责任；股份有限公司的股东以其认购的股份为限对公司承担责任。公司股东对公司依法享有资产收益、参与重大决策和选择管理者等权利。"因此，公司不能随意开除任何股东。

最终，法院判决该连锁电器公司可以与梁某解除劳动合同且不需要支付经济补偿金，但关于撤销其股东身份的决定，公司需要撤回。也就是说，即使不在公司中担任职务，梁某仍然是公司的股东，依法享有决策权、利润分配权、优先认股权和剩余资产分配权。这意味着梁某仍可参与年底分红，并拥有在股东大会上为公司重大事项提出建议、进行表决等权利。

梁某的身份对公司的其他股东来说显得并不公平。同时，《公司法》第六十六条第二款、第三款规定："股东会作出决议，应当经代表过半数表决权的股东通过。

"股东会作出修改公司章程、增加或者减少注册资本的决议，以及公司合并、分立、解散或者变更公司形式的决议，应当经代表三分之二以上表决权的股东通过。"

这意味着针对股东需要表决的重大事项，如果梁某不同意，那么创始人在进行决策时可能受到限制，不利于公司的进一步发展。

为避免上述问题，公司应采取相应的防范措施。例如，在公司章程中加入除名条款，明确解雇股东的条件、流程及股权处理方法。在实际解雇股东的过程中，可寻求法律专业人士的帮助。有了公司章程作为理论依据和法律专业人士的支持，解雇股东的过程将更加顺利。

即使股东因被解雇而退出公司，公司仍应依法为其分配应得的股权和利益。当公司出现解雇股东的情况时，股权架构需要重组，股权需要重新分配。因此，公司在解雇股东后还需重新确认和评估资产与负债。

尽管解雇股东会对公司产生一定的影响，但从长远的角度来看，清除对公司产生不利影响的股东有助于确保其他股东的利益和公司的长远发展。

7.2　完善退出机制的细节

股东退出可能引起公司动荡，甚至导致公司陷入困境。为了降低股东退出给公司造成的影响，在制定退出机制时，公司需要综合考虑多种情况，制定完善的退出机制。

7.2.1　公司发展困难，限制股东退出

股东选择入股通常是由于对公司未来发展的看好。然而，当公司的发展前景不明朗时，股东往往会选择及时止损，提出退出申请。但是，股东在公司困难时期退出无疑会加剧公司的困境。因此，为了确保公司能持续发展，创业者需要制定一套健全、可行的退出机制。

例如，张某、钱某、李某三人各自出资 10 万元，合伙开了一家舞蹈工作室。为便于股权分配，三人约定张某持股 34%，钱某和李某持股 33%。由于三人关系紧密，因

此他们在口头约定股权分配方案后，并未制定相应的退出机制。

在开业前，店铺租金、装修、服装、道具等共计花费 15 万元。然而，由于前期宣传不足，招生情况并不理想。一段时间后，钱某对工作室的未来产生担忧。

最终，钱某决定退出。由于之前没有制定退出机制，张某和李某只能同意其退出请求，并退还其投资的 10 万元。然而，这导致工作室的资金链出现了严重问题，使工作室陷入困境。尽管张某和李某竭尽全力维持工作室的运营，但最终还是无法扭转颓势。

在这个案例中，由于三人在创业初期未制定明确的退出方案，因此公司亏损时钱某突然退出给工作室带来了致命的打击。很多股东因为彼此间关系紧密，在公司初创阶段未制定明确的退出机制。但随着公司的发展，一旦公司出现亏损或股东间出现分歧，就可能给公司带来毁灭性的打击。

因此，为了避免潜在的风险，在成立公司之初就应该对退股、股权转让及退股后的利润分配等问题制定明确的协议，以防公司因股东退出而一蹶不振。

公司的发展受政策和市场环境的影响，有时盈利，有时亏损。为了确保公司稳定发展，在制定退出机制时，创业者应考虑两个关键因素。

1. 股东退出不能带走股权

在公司亏损时提出退出的股东，通常缺乏与公司共同成长的意愿。从情感的角度来看，对于这样的股东，公司无须挽留。为了避免资金链出现问题影响公司的存续，创业者应当在退出机制中明确规定，股东在公司亏损的状况下只能收回自己的投资，而不能带走公司的股权和启动资金。

2. 规定资金占股与参与占股分离

在公司成立初期，创业者往往会根据股东的出资额为其分配股权。这种方式看似合理，但随着公司的发展，人力的作用逐渐加大，那些投入了大量精力参与公司运营的股东会感到不公平。

为了避免这种情况发生，创业者应当明确规定资金占股与参与占股分离。资金占股与参与占股的具体比例可以根据公司的具体情况确定。一般来说，资金股占比较低，人力股占比较高。这样既能确保股东在公司低谷期退出不会带走过多股权，又能调动股东的工作热情。

7.2.2　确定溢价回购股权的时机

当公司处于稳健发展阶段时，通常通过溢价回购的方式为股东提供一条可靠的退出渠道。例如，某股东出资 50 万元购买某公司的股权，随着公司的发展壮大，该公司选择出资 150 万元回购该股东的股权。回购价格较股东的购买价格多出 100 万元，这便属于溢价回购。

回购股权除了可以让股东顺利退出，还有助于公司调整长期发展规划，使公司实现更好的发展。需要注意的是，大规模的股权回购通常是公司股价被低估的信号，而溢价回购往往伴随着公司的股份增持计划，这有利于提升投资者的信心，推动公司实现长远发展。以下是某公司的股权回购方案，可以为创业者溢价回购股东的股权提供参考与借鉴。

某公司的股权回购方案

1. 回购股权的目的和用途

为了进一步建立、健全公司的长效激励机制，吸引和留住优秀人才，充分调动公司高级管理人员、核心及骨干人员的积极性，有效将股东利益、公司利益和核心团队的个人利益结合在一起，使各方更紧密地合力推动公司的长远发展，本次回购的股权将用作员工持股计划或股权激励计划，提请股东会授权董事会依据有关法律法规决定实施方式。

2. 回购股权的方式

通过深圳证券交易所的交易系统以集中竞价交易、大宗交易或法律法规允许的其他方式回购公司股权。

3. 回购股权的价格或价格区间、定价原则

为保护投资者的利益，结合近期公司股价，回购股权的价格不超过6元/股。

4. 回购资金总额及资金来源

回购资金总额不超过人民币5000万元（含5000万元）且不低于3000万元（含3000万元），具体回购资金总额以回购期满时实际回购的资金为准。资金来源为自筹。

5. 拟回购股权的种类、数量及比例

（1）本次回购的种类为境内上市人民币普通股（A股）。

（2）在回购资金总额不超过人民币5000万元（含5000万元）且不低于3000万元（含3000万元）、回购股权的价格不超过6元/股的条件下，预计回购股权不超过833万股，约占公司目前已发行总股本的0.93%。

具体回购股权的数量以回购期满时实际回购的股权数量为准。若公司实施派息、送股、资本公积金转增股本、股票拆细、缩股及其他除权除息事项，自股价除权除息之日起，按照中国证监会及深圳证券交易所的相关规定做相应调整。

6. 回购股权的期限

本次回购股权的实施期限为自股东会会议审议通过本次股权回购方案之日起不超过12个月。

（1）如果触及以下条件，则回购期限提前届满。

第一，如果在此期限内回购资金使用金额达到最高限额，则股权回购方案实施完毕，即回购期限自该日起提前届满。

第二，公司董事会决定终止实施回购事宜，则回购期限自董事会决议生效之日起提前届满。

公司将根据股东会和董事会的授权，在回购期限内根据市场情况择机做出回购决策并予以实施。

（2）公司不得在下列期间回购公司股权。

第一，公司定期报告或业绩快报公告前 10 个交易日内。

第二，自可能对本公司股票交易价格产生重大影响的重大事项发生之日或者在决策过程中，至依法披露后 2 个交易日内。

第三，中国证监会及深圳证券交易所规定的其他情形。

7.　决议的有效期

与本次回购相关的决议自公司股东会会议审议通过股权回购方案之日起 12 个月内有效。

推出股权回购计划并溢价回购股权，表明了公司对未来前景的坚定信念和信心。这不仅极大地提升了投资者的信心，还为公司的健康、持续发展注入了新的活力。

7.2.3　制定合理的退出惩罚机制

不论股东以何种方式退出公司，其退出行为都会或多或少地影响公司中其他股东的利益，甚至会影响整个公司的发展。因此，对股东的退出行为进行约束是十分有必要的。而达成这一目的的有效方式，便是制定退出惩罚机制。

如果没有预先制定相应的退出惩罚机制，那么股东可以随意退出公司，不会有任何损失。在现实生活中，很多公司的股东之间是亲朋好友的关系。在公司创立之初，他们认为彼此是值得信赖的，因此往往忽视了在公司章程中制定退出惩罚机制。

然而，随着时间的推移和公司的发展，一些股东频繁掉链子，甚至严重影响公司的发展。直到此时，很多人才意识到，当初没有制定退出惩罚机制是一个错误的决定。

为了避免股东随意中途退出给公司带来不利影响，创业者在与股东签订入股合同时，可以制定一些退出惩罚机制，以约束股东的行为。以下是四种常见的方法。

1. 股权分期成熟

在分配股权时，公司可以规定股权是分期成熟的，股东的股权按照工作年限逐年增加。如果股东在未满年限时离开，那么公司可以按照其具体工作年限计算其已经成熟的股权，并以双方之前约定的价格回购其股权。

2. 降低分红比例

股东享有公司经营所得的分红权，如果公司的经营情况良好，那么股东的分红所得将相当可观。为了对股东的退出行为进行约束，公司可以考虑降低退股股东的分红比例。在股东退出时，如果公司的经营情况良好，那么这一举措会极大地损害退股股东的经济利益。相信在经济利益的驱使下，降低分红比例可以对股东的退出行为起到一定的约束作用。

3. 按原股价回购

股东在退出公司时，可以带走其所持有的股权。为了防止外部势力介入，其他股东可以通过股权回购的方式收回退股股东的股权。

为了约束股东的退出行为，全体股东可以在合同中规定按原价回购退股股东的股权。随着公司经营时间的延长，这一规定对退股股东利益的影响将更加显著。

4．违反规定须赔偿高额违约金

常见的退出惩罚机制是在入股合同中设置高额的违约金。违约金的数额越大，对股东的约束力越强。但要注意，违约金不能过高，否则对小股东不公平。合适的数额是略高于股东退出给公司带来的损失，这样既能保护其他股东的权益，又能让退股股东在可接受的范围内有所损失。

需要注意的是，退出惩罚机制应当适用于所有股东，而不仅仅是部分股东，否则就失去了公平性，不能起到约束股东的作用。

总体来说，在未出现问题的情况下，股东不能在合约未到期时申请退股，只能合法转让或向公司申请回购其股权，这是对其他股东权益的一种保护。

当公司经营不善、出现法定退股情形时，股东有权申请退股，甚至可以向法院提起诉讼，这是对股东个人权益的一种保护。在公司清算结束后，股东需要对债务承担相应的责任，这样可以避免股东逃避债务、不履行义务。

制定退出惩罚机制是对公司和股东的双向约束，既能防止大股东剥削小股东，也能确保公司的稳定经营不受股东退出的影响。

7.2.4　退出时，明确权益与责任

在股东退出的过程中，如果权益与责任不明确，则很容易引发股东之间的矛盾，影响股东的顺利退出，甚至可能对公司的稳定发展造成不利影响。为了避免这种情况出现，公司需要制定一套完善的退出机制，确保股东退出时的权益与责任得到明确和合理的安排。以下是两种有效的方法。

1. 建立准许股东退出机制

（1）当某一股东损害其他股东的权益时，其他股东有权申请退出公司，退出前须清算其权益。

（2）当股东之间出现不可调和的矛盾、无法继续经营公司时，股东可以申请退出公司，其股权由其他股东回购。

（3）当公司连续两个财务年度利润收益不达标时，任何拥有10%以上股权的股东都可以申请解散公司，公司须依法进行清算。

2. 建立限制股东退出机制

（1）当公司不能清偿债务时，退股股东也要承担部分清偿责任。

（2）公司的收购价格不能超过公司的净资产，以免损害债权人的利益。

（3）股东退股应当告知公司债权人，若债权人不同意股东退股，公司须先清偿债务，再继续进行退股工作。

为了无争议地解决股东退出问题，公司需要制定双向约束机制。公司应秉持公平的态度，在股东申请退出的情况下承认其对公司的贡献，以合理的价格回购其股权。但股东不能利用退股逃避应尽的责任与义务。

7.3 落地实战：退出机制模板

在设计好退出机制后，公司应通过正式的制度将其确立下来，确保在各种股东退出的情形下都能从容应对、妥善处理。

7.3.1　退出机制模板

目前常见的股东退出机制有当然退出、除名退出和期满退出。退出机制不同，公司需要采取的应对策略也不同。

1. 当然退出

当然退出的股东仍保留股东权利，但公司一般会按原价回购其持有的股权，并且不再向其发放当年度的红利。当然退出的具体条件可因公司而异。以 A 公司的股东退出机制为例，如下所示。

A 公司的股东退出机制（节选）

（1）股东失去劳动能力。

（2）股东死亡或被宣告失踪。

（3）股东达到法定退休年龄。

（4）股东被依法吊销营业执照或宣告破产。

（5）股东不能胜任其现有的工作岗位且拒绝服从公司安排，可以经由董事会批准取消其股东资格。

（6）因不可抗力导致突发事件，使股东的劳动合同无法依照法律继续履行。

（7）其他非因股东个人因素导致劳动合同终止的情况。

2. 除名退出

除名退出的股东，公司可以单方面撤销其股东身份，并且无偿收回其股权，不再向其发放当年度的红利。另外，如果因为职务过失给公司造成重大损失，则股东需要向公司赔偿。以 B 公司的股东退出机制为例，如下所示。

B 公司的股东退出机制（节选）

（1）股东在公司工作未满一年主动辞职。

（2）股东未经公司董事会批准，擅自转让、质押或以其他方式处置其持有的股权。

（3）股东严重违反公司的规章制度。

（4）股东滥用职权，给公司造成重大损失。

（5）股东未经公司董事会批准，擅自自营或和他人合营与公司相同或相近的业务。

（6）股东触犯法律，被依法追究刑事责任。

（7）根据公司《绩效考核管理规定》，股东年度考核累计三次或月度考核连续两次不合格。

（8）股东因其他个人活动，严重损害公司利益和名誉。

3．期满退出

期满退出指的是股东持股超过一定期限后，主动辞职或退出，公司须按现价回购其股权。以 C 公司的股东退出机制为例，如下所示。

C 公司的股东退出机制（节选）

（1）股东在股权期满 10 年后主动辞职或退休。

（2）公司按现价回购股东持有的股权，股东可以从以下两种方式中自由选择。

第一，公司一次性回购股东持有的所有股权，并按上一年度的分红标准支付其 5 年的红利。

第二，公司分 5 年回购股东的股权，每次回购 20%，并且股东有权按每次回购时公司上一年度的分红标准分配红利。如果股东在 5 年内死亡，公司则会按现价回购其剩余股权，不再向其分配红利。

（3）股东必须在一个月内做出选择，并书面告知公司董事会。

（4）若股东未在一个月内书面告知公司董事会，则公司董事会默认用第一种方式回购其股权。

7.3.2　退出协议模板

退出协议模板如下所示。

股东退出协议

甲、乙双方共同经营＿＿＿＿＿＿＿＿（公司名称），由于＿＿＿＿＿＿＿＿（某项事由），＿＿＿＿（甲或乙）要选择中途退出。双方在相关法律的基础上，遵循互惠互利的原则，共同达成了本协议。协议规定＿＿＿＿（甲或乙）退出后，由＿＿＿＿（甲或乙）独立经营，具体的内容如下。

第一条：基本信息。

甲方：＿＿＿＿＿＿＿＿，身份证号码：＿＿＿＿＿＿＿＿。

乙方：＿＿＿＿＿＿＿＿，身份证号码：＿＿＿＿＿＿＿＿。

第二条：甲、乙双方的出资金额、出资方式及出资期限。

甲方＿＿＿＿＿＿＿以＿＿＿＿方式出资，出资金额共计＿＿＿＿＿元（大写：人民币＿＿＿＿＿元），出资期限为＿＿＿＿＿年；乙方＿＿＿＿＿＿＿以＿＿＿＿方式出资，出资金额共计＿＿＿＿＿元（大写：人民币＿＿＿＿＿元），出资期限为＿＿＿＿＿年。

第三条：退出时的交接盘点及各项承诺的履行状况。

（1）仓库盘点，库存余额_____元（大写：人民币_____元）；公司的盈亏盘点，净利润_____元（大写：人民币_____元）。

（2）___（甲或乙）退出，按照共同经营时签订的协议，_____（甲或乙）应支付退出方_____（甲或乙）_____元的金额（大写：人民币_____元）。

（3）退出方要求以现金的形式得到未退出方_____元的金额（大写：人民币_____元）。支付期限一共是_____天，如果延迟支付或未支付，则应给予退出方_____元（大写：人民币_____元）的违约补偿。

（4）_____（甲或乙）退出后的事项。

在公司中推举出清算人，并邀请_____作为中间人进行财产清算；财产清算后如果有盈余，则按照拖欠的员工工资与劳动保险费用、拖欠的税款、拖欠的债务、返还退出方出资的顺序进行清偿；公司的固定资产及不能再继续分割的财产可以作价卖给第三人，然后根据此价款进行清偿；财产清算后如果发现经营亏损，无论出资多少，都要先以合伙的共同财产进行清偿，如果未能全部清偿，则按照出资比例进行债务的分配。

第四条：其他事项。

本协议自相关人士签字或盖章后正式生效，一式三份：甲、乙双方及中间人各执一份，直到_____（甲或乙）拿到偿还的现金。退出方在拿到偿还的现金后，要把本协议返还给_____（甲或乙）。

甲方：_____（签字或盖章）　　　　　　　乙方：_____（签字或盖章）

____年____月____日　　　　　　　　　　____年____月____日

中间人：_____（签字或盖章）

____年____月____日

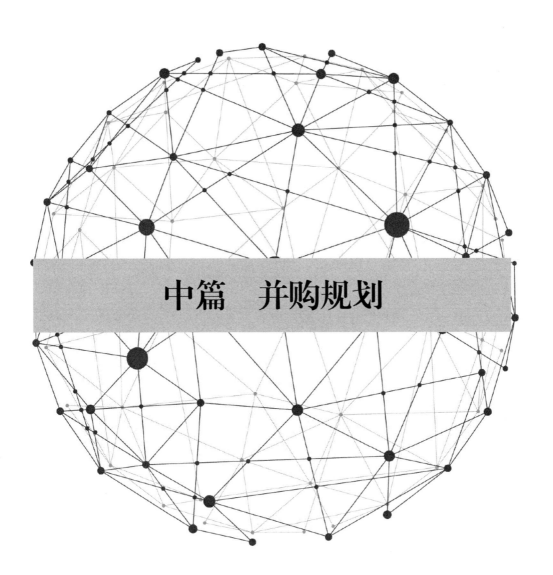

中篇　并购规划

第 8 章
公司并购：做一场双赢的交易

公司发展到一定阶段后，要将扩张提升到战略层面。如何扩张？一种直接、有效的方法是并购。本章从并购入手，讲述并购方与被并购方如何开展一场双赢的交易。

8.1 价值分析：为什么并购

在并购的过程中，一部分权利主体出让自己拥有的部分或全部股权，从而获得相应的收益，而另一部分权利主体则要付出相应的代价获取这部分股权。由此可见，对并购方和被并购方来说，并购都是有价值的，只不过双方的价值诉求有所差异。

8.1.1 买方视角：附随权利与资源

在判断并购价值时，并购方应该关注更重要的附随权利与资源，如附随的用户名单等。对公司来说，用户名单是商业秘密，有巨大的价值。并购方通过并购拿到被并购方的用户名单后，要迅速占领市场，进一步提升自己在市场上的竞争力。

具体来说，并购方可以从以下五个方面判断并购价值。

（1）是否使公司获得更强的市场控制力。公司是独立的法人实体，可以通过扩张的方式获得更好的发展。扩张包括两个方面：内部扩张和外部扩张。如果仅依靠内部扩张，那么公司要用更长的时间才能达到壮大的目的。在这个"商场如战场"的时代，公司不仅要做好内部扩张，还要做好外部扩张，即并购。

（2）是否使公司快速获得人力资本、知识产权等资源。一般，公司想获得人力资本、知识产权等资源，至少需要几年，甚至几十年的积累。但借助并购，公司可以迅速达成这样的目标。例如，通过与被并购方的生产要素相结合，实现优势互补，以最短的时间在市场上占据主导地位。

（3）是否提高公司的管理效率。经济学领域存在一种差别效率理论。该理论认为，并购的主要动因是处于优势的公司和处于劣势的公司在管理效率上存在差别。如果 A 公司在管理上比 B 公司更高效，那么 A 公司就可以考虑并购 B 公司。这样不仅会使 B 公司的管理效率进一步提高，还可以使 A 公司获得更多的资源，甚至能为整个行业带来红利。

（4）是否完善了公司的产业链。并购的主要目的之一是完善产业链。当产业链渐趋完善时，公司就可以摆脱过于依赖其他公司的困境。这相当于为自己解决了后顾之忧，使自己在市场上有更强的竞争力。

（5）是否能帮助公司达到多样化经营与协同发展的目的。很多时候，一家公司之所以并购另一家公司，主要是因为看中了对方巨大的发展潜力，以及在解决资金问题后可能获得的市场地位和巨额盈利。例如，一些规模比较大的公司会并购一些规模比较小的公司，后者通常缺少强大的生产能力或有效的营销渠道。

通过并购解决上述问题后，规模比较小的公司可以有更多的市场份额和更好的效益。在规模比较小的公司变得越来越强大后，并购方可以得到更多的资金和资源，从而实现多样化经营，与产业链上的其他公司协同发展。

8.1.2　卖方视角：摆脱发展困境

在激烈的竞争中，很多公司可能因为财务实力不强而出现资金短缺的现象。为了解决资金问题、摆脱发展困境，这些公司可能接受其他公司的并购。另外，如果公司有重大风险需要转移，或者行业形势不断恶化，那么也可以选择与其他公司合作。如果遇到了合适的并购方，那么公司可以获得更大的财务和资源优势，从而加速效益增长，实现更好的发展。

作为卖方的公司可以从以下两个方面判断并购价值。

（1）是否能解决资金短缺的问题。当公司因为竞争过于激烈或商业模式不够合理而资金短缺、发展受阻时，就可以考虑被更有能力的公司并购。很多时候，被并购意味着可以使品牌、技术、员工、产品等保留下来，而且能增加公司的收入来源、夯实盈利基础，有利于公司的发展或转型。

（2）是否能帮助公司突破限制并得到进一步发展。近几年，并购已经成为流行趋势，这也意味着各行业对产业边界的探索渐趋深入。跳出原有赛道，在更广阔的市场上寻找发展机会，会使公司的业务边界得到进一步拓展，从而突破现有限制，实现进一步发展。

8.2　考虑并购是不是需要进行

虽然并购可以扩大公司的规模，提高公司的竞争力，整合公司的资源，但不是所有公司都需要并购。并购前，创业者要认真思考自己的公司是否真的需要并购。

8.2.1 行业分析：成熟度+政策+集中度

并购离不开行业分析，分析的重点是了解行业的成熟度、政策、集中度。

（1）一个行业的成熟度决定了该行业是否存在未被挖掘的商机和利润点。成熟度高的行业，红利已经被挖掘殆尽，竞争格局已经稳定，龙头公司的地位难以被撼动。此时，如果公司希望通过并购和龙头公司竞争，则意义不大。

成熟度低的行业，公司的发展空间通常比较大。一旦公司找到了行业的"空白地带"，就能衍生出新的商业模式，并有机会成为行业的领先者。此时，公司可以并购那些盈利能力差、陷入发展瓶颈的公司，以巩固自己的行业地位。而且，这种并购的成本通常不会很高。

（2）金融行业的并购通常难以发生，这是因为相关政策对金融行业的并购进行了一定的约束和限制。通常，与国计民生密切相关的行业，由于政策门槛高，因此并购成本非常高，很难发生市场行为模式下的并购。

（3）一个行业的集中度越低，并购和对控制权的争夺就越容易发生。因此，如果并购发生在集中度低的行业，就必须妥善处理控制权的问题。

除了上述因素，世界经济的变化、国家宏观经济的发展情况、法律法规的健全程度等诸多不可控因素也会对并购产生影响。创业者在做出并购决策前要考虑这些不可控因素的影响，防止公司因为并购而陷入发展困境。

8.2.2 战略价值影响并购决策

战略价值是影响并购决策的重要因素，即如果并购，那么公司可以获得什么。

通常，从对方那里获得独特的资源是并购的首要目标。独特的资源具有不可替代性，未掌握的公司试图获得这部分资源，而已经占有资源的公司不愿意随便放弃。此时，可以通过并购来达成目标。例如，门店、土地、品牌、矿产、知识产权等，都是具有明显垄断性的高价值资源，如果公司需要这些资源，就可以并购合适的标的公司。

除了获得资源，扩大规模也是公司并购的目标。在面临发展瓶颈、市场分散、效率差异大的行业，高效率公司并购低效率公司以形成规模经济是很常见的现象。

我国水泥行业首家 "A+H" 股上市公司海螺水泥实施并购的目标就在于此。为了扩大规模，海螺水泥与西部水泥签署股权收购协议，海螺水泥将自己在陕西的四家子公司的股权转让给西部水泥。作为支付对价，西部水泥增发股票，而海螺水泥则购买西部水泥的大量股票，成为西部水泥的控股股东，获得了对西部水泥的决策权和控制权。

之前，海螺水泥的根据地主要在华东、华中、华南等地区。如今，通过向西部水泥导入先进的技术和管理经验，海螺水泥进一步完善了陕西市场的布局战略，大幅提升了自己在西部地区的市场占有率，增强了竞争力。

与海螺水泥的并购路线相同的还有污水处理行业的碧水源。通过在全国并购污水处理厂，碧水源稳固了自己的行业龙头地位。

当然，还有很多公司并购其他公司是为了实现其他战略价值，如打通产业链、进入新行业、推动业务转型等。对这些公司来说，只要战略价值足够高，并购就是非做不可的事。

8.2.3　与有经验的第三方合作

并购需要与第三方合作，包括会计师事务所、律师事务所。它们会为并购方提供相应的资源支持与建议，帮助并购方完成并购。可以说，并购能否成功，与它们的工作是否到位息息相关。

在并购的过程中，会计师事务所的工作主要包括以下几项。

（1）帮助并购方审核被并购方的财务报表、交易文件等。

（2）为并购方评估被并购方的价值，避免后续出现纷争。

（3）帮助并购方评估并购对其财务情况、资本架构等的影响，并给出有效的财务建议。

（4）并购完成后，对财务报告进行合并，并对其进行审计，以保证财务数据的透明度与合规性。

律师事务所的工作主要包括以下几项。

（1）评估双方的法律地位，为并购提供法律咨询服务。

（2）审核并撰写各种合同，如并购协议、股权交易协议、清算协议、限制期权协议、股权回购合同等。

（3）监督尽职调查过程，根据调查结果决定如何进行并购。

（4）帮助并购方管理并购流程，确保合同的交付、审核、签署符合要求。

（5）根据合同和相关政策处理并购过程中的法律纠纷。

（6）评估并管理税收方面的风险。

（7）作为并购方代表参与谈判，针对法律、条款内容等重大事项与被并购方协商。

优秀的会计师事务所和律师事务所可以帮助并购方节省不少精力。在选择与哪家第三方合作时，并购方应该重点关注以下几个指标。

（1）专业资质。并购方要确认事务所及其工作人员是否具有从事这一行业的专业资质。例如，负责审计并购流程的注册会计师需要通过注册会计师考试，并在国内从事审计业务两年以上。

（2）相关经验。并购方要了解第三方是否有相关的并购经验，如是否能完成财务审计、出具财务报告、处理法律纠纷等。

（3）服务能力。无论是会计师事务所还是律师事务所，都要有扎实的业务能力与专业水平，同时要有过硬的服务能力，始终以良好的态度完成工作。

（4）服务费用。第三方的服务费用很重要。通常，不同的会计师事务所和律师事务所的服务费用是不同的，并购方应该在了解自身经济实力和发展情况的基础上选择性价比高的第三方。也可以多向同行或自己的朋友咨询，了解会计师事务所和律师事务所的收费标准与服务质量，并进行对比，选择适合自己的第三方。

总之，与第三方合作可以让并购方对被并购方的经营情况、财务情况、法律隐患等有更全面的了解，帮助并购方发现问题并解决问题，提高并购方的风险防范能力。

8.3 盘点不同类型的并购

通过并购竞争对手成为行业巨头是现代化公司成长的一个规律。并购固然重要，但选择适合自己的并购类型更重要。比较常见的并购有协议并购、竞价并购、要约收（并）购、债务重组、股权重组和托管重组，不同类型的并购风险不同，侧重点也不同，下面进行详细讲述。

8.3.1 低风险的协议并购

协议并购是指并购方不通过证券交易所开展交易，而是直接与被并购方联系，以谈判、协商的方式与其达成协议，从而完成并购。在协议并购模式下，并购方很容易获取被并购方的信任，有利于降低并购的风险与成本，但双方谈判时的契约成本较高。

下面来看一个协议并购的经典案例。

思科公司曾经以 69 亿美元的价格与 Scientific-Atlanta（以下简称"SA"）达成并购协议。SA 是当时世界上最大的机顶盒生产商之一，这次并购有助于加快视频行业的创新发展，改变电视节目的传送方式。时任思科公司 CEO 的约翰·钱伯斯指出，此次并购是思科公司发展战略的一部分。

思科公司通过协议并购，在极短的时间内完成了与 SA 的深度合作，从而避免与索尼、苹果、阿尔卡特这样的巨头对抗，白白增加并购成本。同时，并购成功后，思科公司弥补了自己在视频技术领域的短板，获得进一步发展的动力。

8.3.2　特点鲜明的竞价并购

竞价并购是并购方在二级市场上购买被并购方（只能是上市公司）的股票以实现并购的行为。它具有以下特点。

（1）竞价并购的资金以现金形式支付，因此并购方要准备足够的现金。

（2）在并购的过程中，被并购方的大部分股票可能被风险套利者购买。对于风险套利者手中囤积的股票，如果并购方利用得当，则可以压低敌意并购者的出价。

（3）竞价并购会使并购方承担极大的资金风险，尤其是大规模的并购交易。降低并购成本的方法一般有两种：一是双层出价，二是依靠发行高收益债券获得融资。

所谓双层出价，是指在第一个阶段，并购方以现金形式购买被并购方的股票，获取对被并购方的控制权；在第二个阶段，并购方利用非现金形式购买剩余部分股票。在第二个阶段，并购方已经提前取得对被并购方的控制权，所以无须担心敌意并购者的竞争性出价。此外，这种方法还可以促使被并购方的股东尽早出让其持有的股票。

总体来说，竞价并购通过公开的方式竞价，操作起来比较高效、便捷，但需要雄厚的竞价实力作为支撑。另外，如果监管不力，则在竞价并购的过程中很容易出现杠杆倍数过高的情况，从而引发金融危机。这是并购方和被并购方都应该注意的。

8.3.3　特殊的要约收购

要约收购是一种特殊的并购方式，指的是收购人向目标公司发出收购公告，待目标公司确认后，方可进行收购。这是国际上最为常见的并购方式，适用于收购上市公司依法发行的所有股票。

1. 要约收购的主要内容

（1）价格条款。价格条款能够明确要约收购的价格，主要有自由定价主义和价格法定主义两种方式。自由定价主义赋予收购人较大的自主权，而价格法定主义则强调价格的合法性和规范性。

（2）支付方式。《证券法》并未对要约收购的支付方式进行明确规定，而《上市公司收购管理办法》规定允许投资者采用现金、证券等方式支付收购价款。

《上市公司收购管理办法》第二十七条规定："收购人为终止上市公司的上市地位而发出全面要约的，或者因不符合本办法第六章的规定而发出全面要约的，应当以现金支付收购价款；以依法可以转让的证券支付收购价款的，应当同时提供现金方式供被收购公司股东选择。"

（3）收购期限。《上市公司收购管理办法》第三十七条规定："收购要约约定的收购期限不得少于 30 日，并不得超过 60 日；但是出现竞争要约的除外。在收购要约约定的承诺期限内，收购人不得撤销其收购要约。"

（4）变更和撤销。要约一经发出，便对收购人具有约束力。但收购过程比较复杂，在出现特定情形时，收购人有可能改变想法。

对此，《证券法》第六十八条规定：

在收购要约确定的承诺期限内，收购人不得撤销其收购要约。收购人需要变更收购要约的，应当及时公告，载明具体变更事项，且不得存在下列情形：

（一）降低收购价格；

（二）减少预定收购股份数额；

（三）缩短收购期限；

（四）国务院证券监督管理机构规定的其他情形。

2. 要约收购的程序

（1）当收购人持有目标公司 5%的股权时，需要在该事实发生之日起 3 日内，向证券监督管理机构、证券交易所提交书面报告，通知目标公司，并予以公告。

（2）当收购人持股达到30%，并计划继续收购时，收购人须向证券监督管理机构提交上市公司收购报告书，并附注规定事项。在收购要约的有效期限内，收购人不得撤回其收购要约。

（3）当收购要约期满，收购人持有目标公司的股权达到75%以上时，目标公司须终止上市。

（4）当收购要约期满，收购人持有目标公司的股权达到90%以上时，持有剩余股票的股东有权要求收购人以要约同等条件收购其股票。

（5）在要约收购期间，其他方式的收购行为将被排除。

（6）收购目标公司的行为结束后，收购人须在 15 日内将情况报告证券监督管理机构和证券交易所，并予以公告。

8.3.4　法律干预少的债务重组

债务重组是指债权人根据自己与债务人达成的协议或法院的判决，同意债务人对债务条件进行修改的行为。换句话说，只要债务条件与原协议有不同之处，就视为债务重组。但需要注意的是，下列情形不属于债务重组。

（1）债务人发行的可转换债券依据规定条件转为股权（条件未发生变化）。

（2）债务人破产清算时的债务重组（应按清算会计处理）。

（3）债务人改组（权利与义务未发生实质性变化）。

（4）债务人借新债偿旧债（旧债的偿还条件并未发生变化）。

债务重组的方式如下。

（1）以低于债务账面价值的现金清偿债务。

（2）以非现金资产清偿债务。

（3）债务转为资本。

（4）修改其他债务条件。

其中，前三种属于即期清偿债务，后一种属于延期清偿债务。通常，债务人以提供非现金资产、修改其他债务条件等方式进行债务重组后，债权人会做出一定的让步，以便债务人可以安排财务资金，或得以清偿债务。

因此，如果在债务重组中，债务人以提供非现金资产、发行权益性证券的方式清偿债务，且非现金资产、权益性证券的价值超过债务人应偿还的债务，则可以不视为债务人因为暂时性财务困难而进行债务重组。

从本质上讲，债务重组是一项法律活动，旨在通过某种方式改变债权人与债务人之间的原有合同关系。债务重组主要表现为债权人与债务人之间的谈判和协议达成，法律干预较少，与具有"法定准则""司法主导"两大特征的破产程序形成鲜明的对比。

但是，在进行债务重组时，债权人和债务人应该贯彻与体现法律所要求的平等、自愿等原则，以平衡和保护各自的利益。

8.3.5　专注股权问题的股权重组

股权重组主要包括股权转让、增资扩股两种形式。

（1）股权转让：股东将自己拥有的部分或全部股权转让给他人。

（2）增资扩股：通过发行股票、新股东入股、原股东增加投资等方式增加资本金。

股权重组无须经过清算程序，其债权、债务关系重组后依然有效。在股权重组的过程中，通常只有股东或股东持有的股权发生变更。此外，股权重组还有以下特点。

（1）参股、控股公司以其所持股权对被并购方的产权进行占有和管理，并享有相关权利、承担相应义务。

（2）股权重组会导致被并购方的管理层发生变动。并购方可能以自己持有的股权要求被并购方对管理层进行改组，并对被并购方的经营决策进行调整。

（3）在股权重组中，被并购方的组织形式也容易发生变化。例如，传统的公司改组成为股份有限公司，以明确界定并购方的权益。

（4）股权重组可以发生在股份有限公司之间，也可以发生在非股份有限公司与股份有限公司之间。无论哪一种，双方都会成为利益相关的命运共同体。

8.3.6　有分离性质的托管重组

托管重组是指公司资产所有者通过签订契约的方式，在特定的期限和条件下，将其所拥有的全部或部分资产的经营权、处置权，委托给其他法人进行管理。在这个过程中，受托方将有效的经营机制、科学的管理方式、优质品牌等引入公司，并且凭借其管理和资金优势获取经济回报。

实质上，托管重组实现了资产所有权与经营权的分离，有助于明确公司的产权关系。一般而言，托管重组主要有以下三种模式。

1. 公司产权的托管重组

在此模式下，委托方依据相关法律法规和政策，通过合同的形式约束受托方，并支付一定的代价作为补偿，将公司的产权交给受托方处置。这实际上是一种非公开市场的公司产权交易。

2. 国有资产的托管重组

国有资产的托管重组是指国有资产管理部门将其拥有的国有资产以合同的形式委托给受托方。在此模式下，只能托管公司的经营权，不能托管公司的产权。受托方只能在合同约定的范围内进行经营机制的转换，或者采取其他方式运营国有资产。

3. 国有公司的托管重组

在此模式下，特定的部门或机构接管部分亏损的国有中小公司，并对原有的公司及其资本结构进行改造，以实现资源的再配置。受托方接管的内容包括公司的全部财产、员工与债务。

从严格意义上说，托管重组是指委托方通过信托协议将公司的资产或公司法人财产的经营权与处置权转让给经营管理能力强且能够承担相应风险的受托方。因此，公司托管重组实际上源于信托。

第9章

战略布局：并购前先有方案

在做任何事之前都要布局，并购自然也不例外。并购前，要制定一份内容丰富、有指导作用、干货多的并购方案。想要制定科学、合理的并购方案，创业者不仅要从全局入手分析行业情况、设计并购战略，还要对并购流程了如指掌。

9.1 并购战略的三个切入点

不同的公司所处的行业、面对的竞争对手不同，并购战略自然也要有所差异。并购战略可以分为横向一体化战略、纵向一体化战略。当然，也可以从产业链入手，挖掘产业链中的资源，让这些资源为自己所用，以实现更好的发展。

9.1.1 横向一体化：形式+基本准则

横向一体化是指同一行业中的公司进行联合，以实现资本的集中。这种集中有利于扩大公司的规模，降低公司的生产成本，巩固公司在市场上的地位。

1．实施横向一体化战略的原因

公司实施横向一体化战略，通常有以下五个原因。

（1）公司所在行业竞争激烈，实施横向一体化战略可以减轻公司的竞争压力。

（2）公司所在行业已经形成规模经济，为了顺应规模经济的发展趋势而实施横向一体化战略。

（3）公司即将采取的扩张行动不违反《中华人民共和国反垄断法》（以下简称《反垄断法》）的规定，而且可以在小范围内取得一定的垄断地位。

（4）公司所在行业的增长潜力大，公司只有通过横向扩张增强实力，才能获得竞争优势。

（5）公司具备实施横向一体化战略所需的资金、人才、技术等资源。

2．实施横向一体化战略的基本条件

公司实施横向一体化战略要满足以下三个条件。

（1）遵守《反垄断法》。公司可以借助一定的横向扩张手段在特定的领域获得垄断地位，但不能违反《反垄断法》的规定。

（2）行业前景广阔，即公司所在行业呈现增长的趋势。纵观整个行业，如果不止一个竞争对手因为管理、财务等问题陷入经营困境，则说明整个行业的销售总额在下降，此时不适合实施横向一体化战略。

（3）资金、人才、技术等资源充足。公司必须有充足的资源，才可以应对规模扩大后的一系列问题，如业务整合与优化、组织架构调整等。

9.1.2 纵向一体化：整合上下游

纵向一体化是指生产与经营过程相互衔接的公司实现一体化发展。根据物质流动方向的不同，纵向一体化又被细分为前向一体化和后向一体化。

1．前向一体化

前向一体化指的是公司获得对下游分销商的控制权的战略，主要形式是特许经营。实施前向一体化战略应该满足以下六个条件。

（1）公司现有分销商的要价高且不可靠，不能满足公司在分销产品方面的需求。

（2）公司拥有的合格分销商很少，如果实施前向一体化战略，那么公司的竞争力能大幅提高。

（3）公司所在行业的前景广阔，实施前向一体化战略可以帮助公司实现快速增长。

（4）公司拥有实施前向一体化战略所需的资金、人才、技术等资源。

（5）实施前向一体化战略意味着公司脱离分销商独立销售产品，这样可以更好地了解市场需求，提升产品生产的稳定性。

（6）分销商有很大的获利空间，在这种情况下，公司实施前向一体化战略独立销售产品，可以获得更丰厚的利润，这会促使公司降低产品价格，从而提高在市场上的竞争力。

2．后向一体化

后向一体化指的是公司获得对上游供应商的控制权的战略。实施后向一体化战略应该满足以下六个条件。

（1）公司现有供应商的要价高或不能满足公司对原材料的需求。

（2）公司缺少供应商，但公司的竞争对手拥有充足的供应商。

（3）公司所在行业的前景广阔，实施后向一体化战略可以帮助公司实现快速增长。

（4）实施后向一体化战略意味着公司独自开展生产业务，这就需要有生产所需的原材料，以及资金、人才、技术等资源。

（5）供应商有很大的获利空间，在这种情况下，公司可以通过实施后向一体化战略生产自己需要的原材料，稳定原材料的成本，进而降低产品的生产成本。生产成本降低促使产品价格降低，进而使公司在市场上的竞争力提高。

（6）公司对原材料或零部件的需求比较紧迫。

实施纵向一体化战略的优点包括帮助公司降低与上下游公司交易的成本，使公司获得稀缺资源和新用户等，但缺点是公司内部的管理成本与沟通成本会增加。

9.1.3　打通产业链，挖掘可用的资源

公司想要扩大商业版图，将更多优秀的合作伙伴纳入自己的生态圈，就要打通产业链。打通产业链的首要任务是将一般思维转变为整合思维。一般思维和整合思维的区别是什么呢？如表 9-1 所示。

表 9-1　一般思维和整合思维的区别

一般思维	整合思维
自己创造	整合，让别人为我所用
先获得	先付出
以自己为中心	以对方为中心
先考虑自己想要什么	先考虑对方最想要的
对方要为自己做什么	自己要为对方做什么
对方非自愿	对方自愿
整合难度较大	整合较为容易

整合思维的本质是：一个人在知道自己想要什么资源以及这种资源在谁手中后，会以对方为中心，先调查对方想要什么，通过提供对方所需的资源获得其信任和认可，让对方主动提供自己所需的资源。换言之，公司先明确自己想要的资源，再了解其他公司想要的资源，最后通过资源交换获得自己想要的资源，这就是整合思维。

如果公司可以把那些单一、分散的事物整合在一起，就很容易获得成功。例如，分众传媒把等电梯的碎片化时间整合在一起，帮助广告主在这段时间打广告；团购网把单一的消费者整合起来，使其成为团体共同购买产品，可以增加产品的销售机会。

在我国的商业环境中，公司想"走出去"、获得更好的发展，其组织机能就必须有强大的扩张性和整合性。另外，公司的产品、技术、销售、服务、管理能力等要素，以及财务水平等也都必须有优势。一家公司在每一个板块上都极具实力，自然会有更高的竞争力，也能不断降低成本，获得高利润。

9.2 并购定价方法

在并购的过程中，对并购项目或被并购方进行合理定价是至关重要的环节。目前，收益法、成本法和市场法是三种使用广泛的定价方法。下面将深入探讨这三种方法在并购中的应用。

9.2.1 收益法

收益法的理论基础是经济学中的贴现理论，其核心思想是，资产的价值应反映未来现金流的现值。收益法的主要类型如图 9-1 所示。

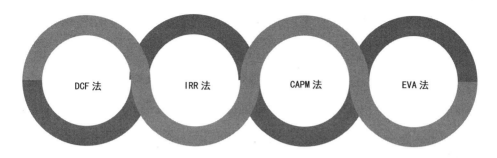

图 9-1　收益法的主要类型

1. DCF 法

DCF（Discounted Cash Flow，贴现现金流量）由美国西北大学的阿尔弗雷德·拉巴波特于 1986 年提出，又称拉巴波特模型。该模型所用的现金流量是指扣除税收、必要支出和增加的营运资本后，可以支付给所有清偿者的现金流量。

运用这种方法评估被并购方价值的整体思路是：先预估并购后增加的现金流量与折现率，然后计算出增加的现金流量现值，这就是并购方能够接受的最高价格。如果最终成交价格高于这个价格，被并购方就无法给并购方带来好处，反而会导致并购方亏损。

DCF 法的缺点是预测未来现金流具有不确定性。在现实生活中，每家公司都会经历不同的成长阶段：

公司早期的成长率＞整个经济体系的成长率；

公司中期的成长率＝整个经济体系的成长率；

公司晚期的成长率＜整个经济体系的成长率。

再加上其他诸多因素的干扰，如市场状况、产品状况、竞争状况、经济状况、利率、汇率等，预测的准确性会降低。

不过，这种方法考虑到了可能存在的假定与不确定性因素，尤其是将其用于为并购方确定最高价格时，结果具有较大的参考价值。

运用 DCF 法计算被并购方价值的步骤如下。

第一步，建立自由现金流量预测模型。

阿尔弗雷德·拉巴波特认为五个因素会影响被并购方的价值：销售增长率、经济利润边际、新增固定资本投资、新增营运资本、边际税率。他将这五个因素纳入自由现金流量预测模型中，计算公式如下：

$$FCF = S_{t-1}(1+g_t) \times P_t(1-T) - (S_t - S_{t-1})(F_t + W_t)$$

式中　FCF——自由现金流量；

S_t——年销售额；

g_t——销售额年增长率；

P_t——销售利润率；

T——所得税率；

F_t——销售额每增加 1 元所需追加的固定资本投资；

W_t——销售额每增加 1 元所需追加的营运资本投资；

t——预测期内某一年度。

第二步，估计折现率或加权平均资本成本。

折现率是指并购方要求的最低收益率，也就是资本成本。由于并购方的资金来源复杂，如留存收益、增发新股、举债融资等，因此需要对各种长期资本成本的影响因素进行估计，以计算加权平均资本成本，计算公式如下：

$$K = K_s(S/V) + K_b(1-T)(B/V)$$

式中　K——加权平均资本成本；

K_s——股东对此次投资要求的收益率；

S——自有资金数量；

V——市场总价值；

K_b——利率；

T——边际税率；

B——对外举债。

第三步，利用贴现现金流量（DCF）模型，计算现金流量的现值，计算公式如下：

$$V = \sum \frac{\text{FCF}}{(1+K)^t} + \frac{F}{(1+K)^t}$$

式中　V——价值；

FCF——自由现金流量；

K——加权平均资本成本；

F——预期转让价格；

t——时间周期。

2．IRR 法

IRR（Internal Rate of Return，内部收益率）即当资金流入现值总额等于资金流出现值总额、净现值为零时的折现率。IRR 法的核心在于寻找一个能全面反映投资特点的数值。IRR 的大小取决于公司的现金流量，只能反映投资项目是否合适，但无法给出具体的投资价格。如果投资型公司的 IRR 大于贴现率，则适合投资；反之，则不值得投资。而融资型公司则正好相反。

3. CAPM 法

CAPM（Capital Asset Pricing Model，资本资产定价模型）是由美国学者威廉·夏普、林特尔、特里诺和莫辛等人于 1964 年共同提出的理论。该模型主要反映资产的预期收益率与风险资产之间的关系，以及均衡价格的形成。作为现代金融市场价格理论的支柱，它广泛应用于投资决策和公司理财领域。

4. EVA 法

EVA（Economic Value Added，经济增加值）这一概念由美国思腾思特公司于 1982 年提出，指的是公司的税后净营运利润减去股权、债务等全部投入资本的机会成本后的所得。思腾思特公司表示，传统的会计利润指标在评估公司的经营情况时存在缺陷，因为没有充分考虑股东投入资本的机会成本，无法真正体现公司的经营情况。只有当盈利超过其资本成本时，公司才真正为股东创造了价值。

近年来，EVA 已成为国际上广泛使用的评估公司经营情况和管理绩效的方法。在 EVA 的价值体系中，公司的价值=投资资本+预期 EVA 的现值，而 EVA 是资本收益与资本成本之间的差额。具体来说，EVA 的计算公式为：EVA=税后营业净利润-资本成本=投资资本×（投资资本回报率-加权平均资本成本）。

EVA 法的优点在于，不仅可以评估公司的资本盈利能力，还能深入洞察公司资本应用的机会成本。这有助于公司更明智地选择项目，从而实现快速发展。

9.2.2　成本法

成本法是一种在资产负债表上对公司的各项资产价值和负债进行合理评估的方法，旨在确定评估对象的价值。其主要类型为重置成本法，即将目标公司视为各种生产要素的综合体，并逐一对各项可确指资产进行评估。然后，确认公司的商誉或经济性损耗，将各单项可确指资产评估值累加，再加上公司的商誉（或减去经济性损耗），就可以得到公司价值的评估值。

其计算公式为：整体资产价值=单项可确指资产评估值之和+商誉（或者=单项可确指资产评估值之和-经济性损耗）。

重置成本法的核心逻辑类似 1+1=2，即各单项可确指资产的评估值相加等于总资产。

然而，重置成本法存在一个重大的缺陷：忽略了不同资产之间的协同效应或规模效应，即在经营过程中经常出现 1+1＞2 的情况。也就是说，目标公司的整体价值可能超出各单项可确指资产评估值之和。

9.2.3　市场法

市场法是通过对比被并购方与市场上类似交易中的公司、股东权益等来确定其价值。运用这种方法的前提是相似的资产在市场上应具有相似的价格。

市场法主要包含三种类型：参考公司比较法、并购案例比较法、市盈率法。其中，参考公司比较法和并购案例比较法比较相似，因此在下面作为一类来讲解。

1. 参考公司比较法和并购案例比较法

这两种方法的原理相似，都是先通过对比被并购方与相似公司的财务数据和经营数据，再乘以相应的经济指标或比率，来推算评估对象的价值。但在实际操作中，找到与被并购方风险和结构完全相同的参照物有一定的难度。因此，参考公司比较法和并购案例比较法通常会从多个维度对被并购方的价值进行分解，并根据各部分与整体价值的关联程度确定相应的权重。

2．市盈率法

市盈率法，也称市盈率乘数法，专门用于评估上市公司的价值。其计算公式为：被并购方的股票价格=同类型公司的平均市盈率×被并购方的股票每股收益。

运用市盈率法评估被并购方的价值，需要在证券交易市场较为成熟和完善的环境中进行，并且需要有一定数量、多个行业的上市公司作为基础。在我国，由于证券交易市场还在不断完善中，因此市盈率法主要作为价值评估的辅助工具，不适合单独使用。但在国际市场上，市盈率法的应用已比较成熟。

9.2.4　案例分析：宇通客车并购精益达

宇通客车曾以 37.94 亿元的价格，通过发行股份与现金支付相结合的方式，收购由宇通集团和猛狮客车共同持股的郑州精益达汽车零部件有限公司（以下简称"精益达"）的全部股权。

根据宇通客车发布的《发行股份及支付现金购买资产暨关联交易报告书(草案)》，第三方独立机构中联资产评估集团对精益达的估值为 40.75 亿元，较先前的预估低 1.85 亿元。而最终的交易价格为 37.94 亿元，较预估值低 2.81 亿元。该草案还宣布，宇通客车将以每股 15.58 元的价格，向宇通集团和猛狮客车分别发行 1.49 亿股和 5829 万股股份，并支付现金 4.09 亿元和 1.6 亿元。

值得一提的是，中联资产评估集团是国内规模和影响力巨大的评估咨询综合服务专业机构之一。在本次评估中，该机构依据精益达的实际状况，综合考虑各种影响因素，通过清查核实、实地查勘、询证、评定估算等程序，采用资产基础法和收益法两种方法进行估值。

资产基础法是从静态的角度分析公司的价值，对资产逐一评估后减去负债得出股东权益价值。这种方法不考虑发展因素和其他未列入财务报表的因素，因此可能无法全面反映公司的真实价值。

而收益法考虑了被评估公司预期发展因素的影响。这种方法不仅参考了资产负债表上的有形资产、无形资产与负债价值，还参考了资产负债表上未列示的人力、技术、客户资源等优势。在此次对精益达的资产评估中，中联资产评估集团将收益法的评估结果作为最终结论。

有评估机构认为此次评估中的收益法评估结果偏高，主要是因为标的资产所处行业的发展空间较大，且标的资产的盈利能力较强。尽管估值较高，但在并购精益达的过程中，宇通客车的实际交易价格仅比预估值低 2.81 亿元，这显示出宇通集团的诚意。而实际交易价格之所以低于评估价格，主要是因为控股股东宇通集团想大力发展客车业务。并购后，宇通客车的毛利率提高了 4%。

并购精益达后，宇通客车在整车产业链上的加工深度得到了提升，从而在成本、采购上获得了更大的优势。以前，宇通客车从外部采购的新能源整车控制器的价格高达 2 万元。而精益达实现自制后，控制器的价格将大幅降低。

实际上，很多上市公司都采取类似宇通客车的做法。例如，世荣兆业在收购世荣实业 23.75%的股权时，对其估值为 96 542.83 万元，而实际交易价格为 82 012 万元；海澜之家 100%股权的估值为 1 348 896.44 万元，实际交易价格为 1 300 000 万元；爱乐游 100%股权的估值为 43 976.91 万元，而实际交易价格为 36 700 万元。

这种估值方式是上市公司在尊重被并购方估值与保护中小股东利益的基础上做出的折中选择。

9.3　并购流程设计

了解并购流程有利于提高并购成功率，缩短并购的实施周期。并购可以分为五步，分别是制定并购战略，选择并购标的，核查并购标的，做好实施过程中的交接等工作，以及加强并购后的管理。下面对这五步进行详细介绍。

9.3.1 第一步：制定并购战略，明确定位

并购方可以与财务顾问等第三方合作，根据经营情况、资产情况及发展战略明确自身定位，制定并购战略。具体来说，要判断自己目前处于哪个发展阶段，对并购的需求和方向进行分析，并据此明确并购的目标。无论是何种类型的并购，有一个清晰的目标都非常重要。

在激烈的竞争中，发展势头强劲的公司更应理性分析自己是否应该开展并购工作。如果确定公司适合开展并购工作，就尽快明确目标，制定与目标相匹配的并购战略。

9.3.2 第二步：选择并购标的，找准时机

有了并购战略，接下来就要选择合适的并购标的。在选择并购标的时，并购方可以遵循以下几个原则。

（1）并购标的必须符合并购方的发展战略。

（2）并购标的要与并购方的管理能力和经济实力适配。

（3）并购标的应该有一定的盈利潜力。

（4）热门行业中发展不景气或业绩滞后的公司适合成为并购标的。

（5）经济界专业人士看好的行业中有一些公司可以成为并购标的。

（6）如果某公司的管理层出现分歧，则该公司有被并购的可能，可以成为并购标的。

找到心仪的并购标的后，还要找准并购的时机。一般来说，在经济转型、经济波动时期，并购比较频繁。此时开展并购有利于促进行业洗牌，那些跟不上行业发展的公司会主动寻找并购机会，甚至会主动降低并购成本。

9.3.3　第三步：核查并购标的，控制风险

为了更好地控制并购过程中的风险，创业者作为并购方的领导，应该谨慎核查并购标的。数知科技曾经就因为忽视对并购标的的核查，导致其收购的四家子公司业绩出现较大幅度下滑，从而使其遭受了 56 亿～61 亿元的商誉减值。

在核查并购标的时，核查的重点是并购标的的财务情况，如盈利情况、债权与债务情况、税收情况、土地权属的合法性等。另外，股权分配是否合理、有没有未处理的法律纠纷、组织架构与发展战略是否适配、有没有为其他公司做抵押担保等情况也是创业者必须核查的。

9.3.4　第四步：交接+变更登记+发布公告

核查完并购标的，确认并购标的没有问题后，并购方会与被并购方签署并购合同。并购合同一旦生效，双方就要根据并购合同中的规定办理产权交接、财务交接、管理权交接，还要按照相关政策进行变更登记并发布公告。

1. 产权交接

产权交接是一项很严谨的工作，通常要在银行等机构的监督下进行。并购方要对

被并购方的产权进行验收、造册。如果被并购方有未处理的债权、债务，则必须根据并购合同中的要求对债权、债务进行处理，并办理更换债据等手续。

2．财务交接

并购后，并购方和被并购方的财务情况都会发生变化，因此双方要对财务报表进行相应的调整。如果被并购方的财务架构已经完全散架，那么并购方应该帮助其管理财务账册。相应地，并购方的财务账册也要随之调整。

3．管理权交接

在管理权交接方面，如果并购后被并购方的管理团队没有发生变化，那么只对外发布公告即可；但如果被并购方的管理团队发生变化，如原成员辞职、新成员入职、职责重新分配等，那么交接就比较烦琐。至于具体如何交接，通常取决于并购合同中的要求。

4．变更登记

并购后，如果并购方以存续公司的身份经营，就要进行变更登记；如果并购方以新设公司的身份经营，则要进行注册登记。而被并购方作为被解散的公司，则要进行登记解散。这些登记必须通过相关部门的审核，否则并购无法生效。一旦相关部门认可这些登记，被解散公司的所有资产就都由存续公司或新设公司持有，相应债务也由后者承担。

5．发布公告

股东、客户、供应商等利益相关者有权知道并购情况，因此并购双方应该发布公告，披露并购的具体情况，这样也便于利益相关者随时调整相关业务。

9.3.5　第五步：加强并购后的管理

对并购方而言，并购成功并不意味着结束，只有最后实现被并购方与自身资源的整合，促进自身的发展，产生预期利润，才算真正完成了并购。如果并购方只是把被并购方"买"回来，却没有整合能力，则不仅浪费并购成本，还会让被并购方变成"累赘"。

腾讯曾经花费巨额资金全面并购电商消费服务网站易迅网。当时，腾讯是想整合易迅网与 QQ 网购，旨在与阿里巴巴、京东竞争，但以失败告终。最后，腾讯以易迅网的部分股权、QQ 网购和拍拍网，换来了京东上市前 15% 的股权。

由此可见，如果公司对拟并购业务的整合能力不强，则必须谨慎使用并购战略。

10 第 10 章
并购尽调：了解并购标的很重要

尽职调查（以下简称"尽调"）是并购过程中至关重要、不可或缺的一个环节，其结果决定了并购方对被并购方的评价。一份公正、严谨的尽调报告出炉后，并购方会以此为依据做出最终决策。

10.1 尽调的三大重点工作

并购过程中的尽调有三大重点工作：重视前期工作，走好第一步；与对方深入沟通，检查重要文件；形成法律意见及解决建议。

10.1.1 重视前期工作，走好第一步

前期工作主要包括以下四个重点。

（1）了解交易目的，明确调查方向。例如，资产并购要关注固定资产、流动资产等，而股权并购则要关注负债情况、股权架构等。

（2）初步了解被并购方。这项工作的目的是确定调查范围，如被并购方的子公司

和控股公司等。此外，参加委托人组织的项目协调会议，与调查团队保持联系与沟通也很重要。

（3）法律政策检索。法律政策包括并购的相关法律与行业规定、准入或限制性政策等。

（4）制定调查方案。调查方案包括律师团队的工作安排及时间表、项目调查清单、职责分工情况等。其中，项目调查清单应受到重视，其内容应包括被并购方的设立、历史沿革、法律资格、股东、重大资产、关联公司、财务、环境保护、重要合同、债权与债务、担保、税费、保险、知识产权、重大诉讼记录、仲裁、行政处罚、业务经营等。

需要注意的是，不同的项目，不同的行业，项目调查清单的内容是不同的。在上述清单的基础上，并购方应根据并购的具体情况对相关内容进行调整。此外，清单中的项目列表会随着调查的深入有所补充。

10.1.2　与对方深入沟通，检查重要文件

前期工作完成后，就要正式实施尽调了。在尽调的过程中，调查团队要与对方深入沟通，检查重要文件，具体包括以下工作。

（1）获得被并购方的配合：向被并购方发送项目调查清单（保密事项不包括在内）。

（2）资料整理：资料必须真实、合法、完整、有效，原件与复印件必须一致。

（3）补充调查：如果资料来源有问题，则要进行补充调查。

（4）编制工作底稿：将收集到的资料装订成册，如知识产权卷、公司历史卷等。工作底稿为调查项目列表提供了依据，也是判断律师是否尽到调查义务、是否有赔偿责任的依据。

10.1.3　形成法律意见及解决建议

收集足够多的资料后，调查团队会通过专业的手段和方法对资料进行法律分析，同时对已核证的事实、待核证的事实、未核证的事实进行分类，并根据分析结果给出结论性的意见。另外，调查团队也会就交易中存在的法律问题与风险发表意见，并给出解决建议。

之后，调查团队会草拟尽调报告，包括尽调的计划、步骤、时间、内容、结论等。作为并购方的委托人，调查团队会拿着第一版报告与被并购方沟通，如果被并购方对报告提出异议，或者认为报告中存在问题，那么调查团队会修订报告，直至双方都对报告认可。

10.2　如何为并购标的做尽调

在并购方与被并购方达成并购意向后，如果协商一致，那么并购方会派调查团队对被并购方的发展现状与历史沿革、股东及股权、经营与管理情况、财务信息、潜在风险等进行全面且深入的审核。只有审核通过，后面的工作才能继续开展。

10.2.1　尽调的核心：发展现状+历史沿革

尽调的核心是了解被并购方的发展现状与历史沿革，主要包括以下八个方面。

（1）公司大体情况：调查公司的营业证件、公司章程、工商档案。

（2）历史沿革：调查公司设立、股权架构、主营业务、资产、实际控制人的演变情况，包含每一次变更是否符合公司章程规定的程序。

（3）营业执照：调查执照登记内容与经营范围是否一致，是否涉及变更登记，是否涉及外资准入等内容。

（4）印章及银行账户：调查与银行印鉴是否一致。

（5）外商投资企业批准证书：调查与营业执照是否一致，是否进行过变更审批。

（6）经营范围：调查是否已经获得许可，并购后是否要更改。

（7）注册资本：调查实物与无形资产的出资是否符合出资程序。

（8）资产评估报告：调查评估机构的资质，调查是否履行备案程序。

10.2.2　衡量股东及股权方面的风险

股东及股权方面的调查主要包括以下内容。

（1）调查出资协议与合资协议中是否有隐名股东、股权代持情况、关联交易情况，并对协议与公司章程、营业执照的内容是否一致进行调查。

（2）调查出资方式是否存在限制出资的情况。

（3）调查非货币性资产的出资情况：重点关注政策性限制、估价和转移等情况。

（4）调查股东是否依据法定或约定内容履行出资义务。

（5）调查股权转让是否违反法定或约定的股权转让限制。

（6）调查股东向公司借款或抽逃出资问题。

（7）调查关于股东出资、股权转让、增资、减资等事项的股东会与董事会决议是否存在未尽事项和争议。

（8）调查出资瑕疵及责任。

10.2.3　了解被并购方的经营与管理情况

经营与管理情况方面的调查主要包括以下内容。

（1）调查经营战略的调整和未来发展方向是否符合公司的实际情况。

（2）调查经营模式和主营业务是否存在不合理之处。

（3）调查资质许可有没有法律隐患。

（4）调查产品与服务、技术研发、业务目标等情况。

（5）调查组织架构是否健全、各部门职责是否清楚、员工任免是否合理等。

（6）调查公司章程中是否存在反收购条款，以及董事分级制度与股东权利的特别规定。

（7）调查股东会、董事会、监事会的规范运作情况，如是否按规定召集、程序是否正当、决议内容是否符合法律规定等。

（8）调查法定代表人。

（9）调查董事和高级管理人员的法律义务。

10.2.4　整合并核查财务信息

尽调的重要意义之一在于明确被并购方的产权，并理顺产权背后错综复杂的关系，确保并购方获得的产权完整。

在产权方面，调查团队应该核查被并购方的财务账册，了解其产权归属，以及产权是否有使用限制等情况。如果被并购方使用的资产是租赁而来的，则要对租赁合同的内容进行分析，判断其是否会对并购完成后的运营产生影响。

　　除了产权，调查团队还要调查被并购方是否存在重大债权与债务，尤其要注意债务数额、偿还期限、附随义务等。另外，长短期贷款合同与借据、担保文件和履行保证书、资产抵押清单及文件、要求行使抵押权的债务及相关安排、关于债权与债务争议的文件、业务合同（如采购合同、销售合同等）等也是必须核查的内容。

10.2.5　分析被并购方是否有潜在风险

　　公司因为关联交易、同业竞争，以及诉讼、仲裁和行政处罚等风险而遭受损失的案例屡见不鲜。因此，在尽调的过程中，调查团队要对这些风险进行详细调查。

1. 关联交易

　　关联交易是指公司与关联方之间的交易。其中，关联方主要包括公司的母公司、公司的子公司、对公司实施共同控制的投资者、对公司施加重大影响的投资者、公司的合营企业、公司的联营企业、公司的主要投资者及与其关系密切的家庭成员、公司或其母公司的关键管理人员及与其关系密切的家庭成员等。

　　由于关联交易中的双方存在密切的关系，因此交易并非完全公开、透明，而且有可能出现交易价格不公正的情况，从而损害股东的利益。但是，因为交易双方存在关联关系，所以可以节省大量商业谈判的时间，从而提高交易效率。

2. 同业竞争

　　同业竞争是指公司的业务与股东或其他控制人所控制的其他公司的业务相同或相似，双方直接或间接地成为或可能成为竞争对手。从控制权的角度来看，同业竞争的主体可以划分为两类：一类是握有实际控制权的股东，另一类是由上述股东直接或间接控制的公司。

　　两家公司之间是否存在同业竞争，要充分考虑业务的性质、产品或劳务的可替代性等因素。例如，华润集团旗下的华润超市与万科旗下的万佳百货，一个是小型超市，另一个是综合性商场，两者的市场定位与用户等都存在差异。

万科在并购公告中这样表示，华润超市与万佳百货虽然都处于零售行业，但双方的业态、经营模式和产品种类存在较大差异，并未构成直接对立的利益冲突。华润将按照有利于万科长远发展和有利于万科中小股东利益的原则避免在零售业务上与万佳百货发生冲突，并将就零售业务的发展与万科探讨多种合作的可行性。

3. 诉讼、仲裁和行政处罚

对被并购方的诉讼、仲裁和行政处罚的具体情况进行调查很有必要。调查团队应该调查被并购方是否存在尚未了结或可预见的重大诉讼、仲裁和行政处罚案件。同时，调查团队还应该调查被并购方是否因为环境保护、知识产权、产品质量、劳动安全、人身权等产生侵权之债。

10.3 提高尽调准确性的技巧

在尽调内容非常全面、相关方法比较完备的情况下，仍然有可能出现调查结果不准确的问题。为了解决此问题，创业者应该掌握一些让调查结果更准确的技巧，如研究书面资料、访谈关键人员、现场考察、网络查询、社交圈查询等。

10.3.1 对重要的书面资料进行研究

并购方提升尽调准确性的重点在于与被并购方的负责人保持沟通，核对收集的资料原件。如果资料没有原件，就要通过查询和函证的方式进一步核实。被并购方可能对调查团队的要求不了解，因此调查团队要"主动出击"。

例如，被并购方向调查团队提供的安全生产许可证过期了，调查团队为了保证其生产合法，就必须要求其更换并提供新的安全生产许可证；被并购方提供的合同文件没有签署页或与别的合同有交叉，调查团队就要仔细鉴别，并要求其补充文件。

10.3.2　访谈发行人、重要客户等关键人员

从目前监督机构的要求来看，在尽调中，访谈对象不仅包括发行人、被并购方的相关负责人，还包括被并购方的重要客户。在对这些访谈对象进行访谈时，调查团队要做好记录，并让受访者在记录上签字，确保访谈资料真实、可靠。

10.3.3　亲自去公司内部考察

俗话说"百闻不如一见"。现场考察可以让调查团队对被并购方有更全面的认识。例如，在调查某公司的工厂时，工厂的具体位置在哪里就需要调查团队现场考察，以确认实际地址与证照上登记的地址是否一致。

厦门某公司曾经通过复印技术做假证照文件，后来在该公司即将与其他公司并购之际，有人举报该公司并不存在。调查团队立刻到厦门核查，发现果真如此。原来，该公司提供的所有证照文件都是打印出来的，之所以出现这样荒诞的事，就是因为调查团队在前期调查过程中没有进行现场考察。此案例起到了很好的反面警示作用，说明现场考察是很有必要的。

10.3.4　通过年度报告和相关网站收集信息

在尽调中，网络查询信息的工作量较大，主要涉及被并购方的年度报告、行业地

位与发展趋势、被执行人信息等内容。

其中，年度报告可以在公司网站上查询；行业地位与发展趋势可以通过"巨潮资讯网"查询，该网站中包含目标公司发布的公告、财务指标等内容；登录"中国执行信息公开网"，可以查询全国的失信被执行人、限制消费人员、被执行人信息等内容。

10.3.5　从社交圈入手了解被并购方

通过社交圈了解被并购方属于非公开调查，是指调查团队通过自己的人脉资源了解被并购方的情况，如行业地位、社会评价，以及是否存在民间借贷等。通过收集这些信息，并根据相关法律法规和政策，借助专业知识和技能对这些信息进行总结，调查团队可以出具完善、准确的尽调报告。

第 11 章
财务问题处理：保障自身利益

在并购的过程中，财务问题十分常见。财务问题包括什么？对并购有什么影响？如何处理才能让损失更小？这些都是创业者应该认真考虑的问题。

11.1 并购视角下的债务处理

在资本市场上，无论是并购方还是被并购方，都可以通过对债务的合理利用和规划实现利润最大化。本节就从并购视角入手，揭秘公司如何通过债务撬动财务杠杆。

11.1.1 债务与财务杠杆

在市场变动和需求升级的趋势下，目前已经出现了很多与债务相关的金融产品，这些产品通过财务杠杆的方式提高公司的收益。虽然财务杠杆可以推动公司的发展，但应谨慎使用。只有当公司的投资利率大于负债利率时，公司才能获得更丰厚的回报。

目前，很多公司都使用混合资金并购另一家公司，即一部分使用自己的资金，另一部分使用贷款借来的资金。贷款借来的资金以即将被并购的公司为抵押，并以该公司的未来偿还能力来确定相关贷款条款。也就是说，这笔贷款的最终债务人是被并购方，而非并购方。

从成本的角度来说，财务杠杆下的并购有一部分资金是通过贷款借来的，并购的公司不需要拿出全部资金，从而在一定程度上控制了成本。从盈利的角度来说，通过财务杠杆进行并购对公司十分有利。例如，贷款的利息可以抵扣所得税，公司可以享受到利息抵扣优惠。

但是，任何事都讲究度。适当的财务杠杆是公司开展并购、扩大规模、获得丰厚收益的重要工具，而一旦财务杠杆失衡，公司就会遭受巨大的损失。

11.1.2　债务融资对并购的意义

债务融资有重要的战略意义。公司进行债务融资，意味着要遵守更高的行为准则，而这些准则是公司获得成功的保障。另外，公司也可以通过债务融资募集更多的资金，为并购创造更好的经济条件，保证并购不会因为资金问题而失败。

在美国，一些银行会一次性推出大量融资产品，其中一种产品名为"订书钉融资"。在实际并购的过程中，银行会发布钉在一起的招标书和预先拟定的债务融资方案，以便股权基金机构寻找合适的并购标的。

此外，银行还有低门槛贷款和过桥贷款等融资产品。低门槛贷款不用强制执行违约测试，换言之，即使并购的公司陷入了财务困境，也不会因为债务违约被强制执行违约金。而如果公司因为暂时缺乏资金不能及时完成并购，银行则向其提供过桥贷款，帮助其顺利完成交易。

如今，债务市场上有很多融资工具可以用于并购，加之经济增长，促进了并购领域的发展和火爆。但与此同时，股权基金机构不断挑战市场规则。例如，在美国，一些股权基金机构盯着即将到期却偿还不了债务的并购标的，迫使现有债券持有人要么以极低的价格变现，要么接受债权延期。当然，绝大部分债券持有人会选择以低价变现。

目前，有些公司会依靠市场上的资本进行肆意并购，然而，很多被并购的公司没有创造利润的能力，反而成为"包袱"。这一点从并购的公司商誉减值方面就可以看出端倪。因此，进行债务融资必须谨慎，在购买债券前一定要三思而后行。

11.1.3 最优解决方案：债转股

债转股指的是将公司无法偿还本息的债务转换为股权。如此一来，原来的债权人与债务人关系就变成持股与被持股关系，债权人就能按照股权比例获得分红或在市场上出售股权以获得相应的收益。债权人与债务人愿意进行债转股，有利于公司（债务人）持续经营和发展，改善公司的资产架构，避免公司因为破产清算而遭受更大的损失。

2023 年 10 月，重庆顺博铝合金股份有限公司（以下简称"顺博合金"）发布了《关于追认对外投资重庆泰利尔压铸有限公司涉及关联交易事项的公告》。在公告中，顺博合金表示将以债转股的方式行使自己的债权。

重庆泰利尔压铸有限公司（以下简称"泰利尔"）是顺博合金的下游客户，该公司因为经营不善，早在 2017 年便向法院提出破产重组。经审计，该公司与顺博合金的业务往来应收账款余额为 438.89 万元，这笔账款如何处理成为一大难题。

2018 年 12 月，该公司向法院提交的重整计划草案通过。为了保障自己的利益，顺博合金决定以债转股的方式行使债权。2023 年 8 月，泰利尔召开股东会对顺博合金的债转股方案进行审议。审议通过后，泰利尔为顺博合金的债转股方案办理了工商变更登记。变更后，顺博合金获得了泰利尔 41.681 9% 的股权。

在进行债转股时，首先，泰利尔统计了破产重组涉及的债权人和债务情况，包括债务金额、债务类型等；其次，泰利尔与顺博合金协商债转股相关事宜，避免给顺博合金和其他利益相关者带来损失；最后，泰利尔根据与顺博合金的债务情况制定了个性化的债务清偿方案，达到了双赢的目的。

通过此次债转股，泰利尔摆脱了财务困境，能够继续经营下去。为什么泰利尔的债转股如此顺利呢？或者说顺博合金为什么愿意接受债转股呢？这是由多种因素推动的。

（1）泰利尔以汽车零部件生产为核心业务，发展前景广阔。而且，该业务属于政策支持型业务，在市场上有一定的竞争力。

（2）重组后，泰利尔成立了全资子公司，由子公司负责生产和经营，同时聘请了经验丰富的托管机构对子公司进行管理。从这个角度来看，泰利尔有"重生"的机会。

（3）泰利尔作为债务人，积极与顺博合金等债权人沟通，协商重整计划草案。而且，泰利尔的原股东和一些新加入的股东愿意对税款滞纳金承担一定的偿还责任。正是因为这些股东的支持，法院才批准了泰利尔的重整计划草案。

泰利尔在债转股上的成功经验给其他同样面临财务问题的公司带来了启发。很多时候，公司之所以出现财务问题，逐渐变成"僵尸"公司，很大一个原因是主营业务利润过低且增长速度慢，甚至停止增长，导致不良债权变成不良股权。

因此，公司想要通过债转股的方式解决财务问题，前提是业务必须有一定的发展潜力。当然，如果公司可以在技术研发和引进方面投入成本，以提高生产效率，或者愿意推出新业务来完善业务体系，使业务体系的整体质量得到提高，那么债权人也会愿意进行债转股。

与债转股对应的还有股转债，即把股东的股权转换为债权。此举的主要目的是减少总股本，提高流通股的比例。一般来说，股转债不仅可以作为融资模式使用，也是股东退出公司、实现变现的一种有效方案。

公司使用股转债，不仅可以分期偿还债务，还可以通过发行可转换债券的方式上市交易。在发行可转换债券时，公司要考虑自己的融资目标，以及可转换债券的转换价格、转换比例、转换利率、兑现期限等因素。

另外，在实施股转债时，税收政策也很重要。不同的公司处于不同的国家或地区，享受的税收政策有很大不同。因此，公司要了解当地的税收政策，并据此做好税务筹划工作。

11.2　理解支付方式的重要性

并购涉及资金往来，而资金往来涉及支付方式的选择。对并购方来说，支付方式选择得当意味着可以延长入账时间，获得货币时间价值。

11.2.1　简单直接的现金支付

在并购时，现金支付是一种常用的支付方式，即并购方向被并购方支付现金以获得其控制权。这种支付方式通常只与被并购方的估价有关，整个支付过程简单、明了，可以极大地缩短并购的周期。而且，这种支付方式的支付金额明确，不会对并购方的资本结构产生影响，可以稳定股价。

但现金支付也有一些缺点，会给并购带来一定的风险。例如，对并购方来说，支付一大笔资金就意味着要承担非常大的经济压力，不利于其后续的扩张。被并购方则会因为必须在规定的时间内确认资本利得而无法享受相应的税收优惠。

11.2.2 以股权代替资金完成并购

股权支付是以股权代替资金完成并购的一种支付方式。使用这种支付方式，并购方要将存续公司或新设公司的部分股权转让给被并购方的股东，以换取被并购方的股权。

股权支付比较常用，因为并购方不需要拿出一大笔资金，经济压力会小一些。而且，这种支付方式可以很好地降低估价风险。详细来说，并购方对被并购方的了解可能不是很全面，很难发现被并购方存在的所有问题。如果在并购时，并购方能以股权代替现金进行支付，那么被并购方就获得了存续公司或新设公司的股权，相当于和并购方站在了同一条战线上。即使估价出现风险，也是由双方共同承担。

当然，股权支付也有弊端。从被并购方的角度来看，自己不能及时获得资金，只能等到股权成熟后才可以获得回报。而并购方则会因拿出了部分股权，导致自己在存续公司或新设公司中的股权被稀释，从而对自己的控制权造成威胁。

11.2.3 与对方进行资产置换

除了以现金和股权支付，并购双方也可以进行资产置换。何谓资产置换？就是以一方的优质资产置换另一方的呆滞资产，或者以一方的主营业务资产置换另一方的非主营业务资产。

资产置换通常发生在母公司和子公司之间。详细来说，子公司先并购母公司，并购完成后，母公司将自己的优质资产卖给子公司，接着将子公司的呆滞资产买过来。这样一来，子公司就成了母公司的"壳"，母公司便可以借助这个"壳"实现间接上市。

资产置换可以让并购方在获得优质资产的同时剥离呆滞资产，是一种一举两得的支付方式。另外，在置换资产的过程中，并购方可以获得一定的投资回报或营业外收入。不过，资产置换的操作难度很大，不利于并购的顺利进行。

11.2.4　其他实用的支付手段

现金支付、股权支付、资产置换是比较主流的支付方式，一些其他的支付方式虽然算不上主流，但也非常实用。

（1）承债式支付方式。并购方不向被并购方支付现金、股权、资产，而是承担被并购方的债务，以获得对被并购方的控制权。大多数并购不会使用这种支付方式，但如果并购标的是即将破产的国有企业或连续亏损多年的上市公司，则比较适合采取这种支付方式。

（2）无偿划拨支付方式。国家发布行政命令，将对国有企业的控制权从一个国有资产管理主体划拨给另一个国有资产管理主体，接受方通常不需要支付现金、股权等作为补偿。这种支付方式的优势是成本低、产权整合力度大，而且并购方可以享受政府给予的政策优惠。但如果被并购方的财务情况实在太差，就有可能成为并购方的负担。

（3）综合支付方式。大多数并购不会只采取一种支付方式，而是综合使用现金、股权、股票、可转换债券等多种支付方式。这样，并购方不会面临现金压力过大的问题，从而避免财务情况恶化。另外，因为并购方不只是向被并购方支付股权，所以被并购方的股权比例不会很高，有利于防止并购方的股权被稀释造成的控制权转移问题。

11.3　如何做好并购中的税务工作

英国的汤姆林爵士曾经对税务工作发表意见："任何一个人都有权安排自己的事

业。如果根据法律的某些安排可以少缴税，那就不该强迫他多缴税。"换言之，在法律规定的范围内，并购双方可以提前筹划与安排税务工作，通过合理、合法、合规的节税行为获得更高的经济收益。

11.3.1　并购类型对税务成本的影响很大

不同的并购类型往往对应着不同的税务成本，如果并购双方不谨慎做选择，则很可能需要承担较高的税务成本。

在资产并购中，并购方无法享受所得税减免政策，税务成本较高。另外，如果房产需要过户，则必须缴纳土地增值税、契税及附加税费等；如果设备需要转让，则需要缴纳增值税及附加税费等。还有被并购方清算所得税、股东清算所得税、股权转让的相关税费等，都是并购方必须统筹考虑的。

除了资产并购，有些并购会以借贷或发行债券的方式进行。如果贷款或债券的利息符合相关法律法规，那么可以将利息视为财务费在税前扣除。但只要贷款或债券到期，并购方就必须立刻偿还本金，这意味着并购方必须背负很大的经济压力。

需要注意的是，如果被并购方的业绩不错，转股价比市价更低，那么债券持有人可能把自己手里的债券转换为股权，这样并购方就不需要面临债券到期的还款问题。如果债权人为海外公司，并购方为国内公司，那么并购方要按照国内的相关规定代替债权人扣缴预提所得税、营业税等。至于税率是多少，则要根据我国与其他国家签订的双边税收协定来定。

11.3.2　警惕关联交易的税务风险

如果被并购方存在关联交易，那么并购方要提高警惕。一般来说，关联交易存在转让定价的税务风险，并购方要防止这种风险转移到自己身上。

根据相关规定，公司和关联方的业务往来定价应该与公司和其他独立公司的业务往来定价相当，而且具体的定价情况必须向税务机关备案。一旦税务机关发现被并购方存在关联交易，就会调整定价，并要求其补缴所得税。

因此，并购方要对关联交易的税务风险进行评估，分析被并购方是否存在关联交易，同时妥善考虑和设置并购合同中的相关内容。并购方还应该要求被并购方准备与关联交易相关的资料和文件，如定价政策、可比信息、预约定价安排等。

11.3.3　股权激励与税务安排

为了吸引和留住更多高素质人才，很多公司都会实施股权激励。相关部门对股权激励方面的税务问题做出了规定，根据规定，股权激励成本可以按照一定的计算方式视为薪酬支出在税前扣除。另外，公司要为那些被授予股权的员工代扣、代缴个人所得税。

有些被并购方在并购前实施了股权激励，如果并购方对税法了解得不够全面，没有在税前扣除股权激励成本，或者没有做好员工个人所得税的代扣、代缴，就很可能引发税务风险。

11.3.4　做海外并购，如何加强税务管理

海外并购的税务工作往往更难处理，毕竟涉及的是两个国家。而且很多时候，两个国家对同一种税务事项的规定是不同的。在处理海外并购的税务工作时，通常要考虑以下四个问题。

1. 海外并购是否有合理的商业目的

如果海外并购没有合理的商业目的，那么并购方就不能想方设法避税、减税等。否则，两个国家的税务机关都有权对并购方的税务进行调整或处罚并购方。

2. 是否能利用税收优惠协议

开展海外并购，地点的选择非常重要。如果并购方想降低税务成本，则要考虑目标国家或地区是否与我国签署了税收优惠协议。如果有此类协议，那么并购方在申请税收优惠时，则要提供能证明自己"受益所有人"身份的资料和文件。

3. 海外中资公司是否会被认定为中国居民企业

一般来说，设立在海外的中资公司如果在我国有实际管理机构，就会被认定为中国居民企业。在判断时，税务机关通常会考虑海外中资公司是否在我国被征收了所得税。

4. 汇回收入的境外税负抵扣如何处理

如果公司的海外投资架构过于复杂，导致汇回收入与海外已缴税款无法完全抵扣，那么公司通常要在并购前进行重组，以降低税务成本。

12
第 12 章
正式执行：不要越过法律红线

在并购的正式执行阶段，法律问题应该受到高度重视，包括协议内容确定与签订、关键条款设置、股权变更等。总之，无论并购是否成功，任何试图越过法律红线来换取收益的行为都是不可取的。

12.1 并购过程中的四大协议

在并购的过程中，并购方和被并购方需要签订很多协议，如并购意向书、股权转让协议、增资协议、保密协议等。为了避免这些协议中存在法律漏洞，使并购产生法律问题，创业者应该充分了解这些协议的内容、注意事项、风险等。

12.1.1 并购意向书

并购意向书是并购双方通过洽商，就各自的意愿达成共识而签订的书面文件，是签订协议的前奏。下面整理了一份并购意向书的范本，供大家参考。

并购意向书

签订时间：

签订地点：

下列各方均已认真阅读和充分讨论本意向书，并在完全理解其含义的前提下签订本意向书。

甲方（被并购方）：

住所：

法定代表人：

乙方（并购方）：

住所：

法定代表人：

鉴于：

1. 甲方是一家依据我国法律于_____年_____月_____日注册成立的有限责任公司，依法持有 A 公司_____%的股权，而 A 公司是一家于_____年_____月_____日注册成立的有限责任公司。

2. 乙方是一家依据我国法律于_____年_____月_____日注册成立的有限责任公司，拟并购甲方持有的 A 公司_____%的股权。

甲、乙双方经协商一致，依据《中华人民共和国民法典》《中华人民共和国公司法》等相关法律法规的规定，达成如下协议，以资共同遵守。

第一条 目标公司概况

目标公司成立于_____年_____月_____日，注册资本为人民币_____万元，法定代表人：_____，住所：_____。

第二条　标的股权

本次并购的标的股权，为甲方持有的 A 公司_____%的股权。甲方同意以本意向书所确定的条件及价格转让标的股权，乙方同意以该价格受让该股权。

第三条　股权转让价格及支付方式

1. 经甲、乙双方同意，乙方将以现金方式完成标的股权的并购。

2. 若无其他约定，在本次并购的过程中，股权转让价款应当以人民币计价和支付。

3. 如确定并购，甲、乙双方一致同意本意向书项下约定的股权转让价格为_____元整，但最终以甲、乙双方正式签订的股权转让协议的具体约定为准。

4. 股权转让价款的支付方式、支付条件及支付期限，由甲、乙双方在股权转让协议或其后附的补充协议中确定。

第四条　并购方案（视并购股权的比例而定）

并购完成后，乙方持有 A 公司_____%的股权，甲方不再持有 A 公司的任何股权，并退出其经营管理。

第五条　相关问题的沟通、解答和补充

对于尽职调查报告与甲方披露的材料中有疑问或问题的，乙方可以要求甲方进行补充披露或自己进行补充调查，甲方应予以配合。

第六条　股权转让计价基准日

1. 本意向书所称股权转让计价基准日是指确定目标公司股东权益的时日，自该日起转让股权在目标公司的利益转归受让方享有。

2. 本意向书项下的股权转让计价基准日暂定为_____年_____月_____日。

第七条 或有债务及新债务

1. 甲方在此确认：将在乙方委托审计时向乙方全面、真实地说明目标公司已经存在的资产及债务情况，目标公司并不存在未披露的其他债务或可能产生债务的事由，甲方对未被披露但已实际发生或因股权转让日之前的事由而致将来产生的全部债务向乙方承担等额的返还赔偿责任。

2. 甲方在此确认：除已披露、双方已认可的债务外，自尽职调查的审计终止日起至股权交割日，目标公司如发生任何新的债务或费用支出，甲方应实时书面通知乙方，得到乙方的确认且股权转让价格随之调整，否则由甲方承担等额的返还赔偿责任。

第八条 声明和保证

1. 甲方保证在签订本意向书时，目标公司拥有的资产未设置任何抵押、质押等他项权利，未被任何司法机关查封。甲方持有的目标公司股权未设置任何质押等他项权利，未被任何司法机关查封。

2. 甲方保证目标公司未对除已向乙方披露外的任何人提供任何形式的担保。

3. 甲方保证在本意向书签订后，不会擅自采取任何方式处置目标公司的部分或全部资产，该处置包括但不限于质押、抵押、担保、租赁、承包、转让或赠予等方式。如确需处置则应事先书面通知乙方。

4. 甲方保证目标公司依照我国法律成立并有效存续，具有按其营业执照进行正常合法经营所需的全部有效政府批文、证件和许可证。

第九条 费用分担

无论并购是否成功，因并购发生的费用都按如下约定进行分摊。

1. 双方基于并购而支出的工作费用，包括差旅费、人员工资、资料刊印费、办公开支等，由各方自行承担。

2. 双方基于并购而支出的聘请相关中介为其服务的费用，包括聘请律师、投资顾问、财务顾问、技术顾问的费用等，由各方自行承担。

第十条　协议的效力和变更

1. 本意向书自双方签字或盖章后生效。

2. 本意向书的任何修改必须经过双方的书面同意。

3. 本意向书一式二份，甲、乙双方各执一份。

甲方（签字或盖章）：　　　　　　　　乙方（签字或盖章）：

日期：　　年　　月　　日　　　　　　日期：　　年　　月　　日

并购意向书往往建立在商业信誉的基础上，虽然对并购方和被并购方有一定的约束力，但不具备法律效力。因此，在撰写并购意向书时，只需要把双方已经认可的条款展示出来即可，不必吹毛求疵。当然，如果想让后面的环节更高效，就使其尽量严谨、全面一些。

12.1.2　股权转让协议

股权转让协议是指以股权转让为内容的合同，其实质是处置某方所有的股权。下面整理了一份股权转让协议的范本，供大家参考。

股权转让协议

甲方（出让方）：＿＿＿＿＿＿＿＿，身份证号码：＿＿＿＿＿＿＿＿。

乙方（受让方）：＿＿＿＿＿＿＿＿，身份证号码：＿＿＿＿＿＿＿＿。

_____公司于_____年_____月_____日在_____市成立。本协议签订之时，甲方持有_____公司_____%的股权。现甲、乙双方根据《中华人民共和国民法典》《中华人民共和国公司法》等相关法律法规的规定，经协商一致，就转让股权事宜达成如下协议。

第一条　协议前提

1. 双方确认，本协议的所有内容与条款均建立在双方平等自愿的基础上，经过双方多次商议后制定并签订，不属于格式条款；本协议在签订时，不存在任何欺诈、胁迫、趁人之危，或者其他任何可能导致本协议无效、可撤销的情形；双方在签订本协议之前，已仔细阅读本协议并完全理解本协议的全部条款，双方同意依据本协议条款出让目标股权。

2. 甲方同意以其个人全部资产对本协议项下的甲方义务承担连带清偿责任。

第二条　转让标的

1. 甲方同意将其在_____公司所持有的_____%的股权转让给乙方。

2. 乙方同意受让前款甲方出让的_____公司_____%的股权。股权转让后由乙方承担全部相关义务，包括但不限于继续履行_____公司章程规定的注册资本缴纳义务。

3. 经甲、乙双方确认，此次股权转让的价格为_____元整。

4. 乙方在签订本协议的同时向甲方支付全部股权转让价款，甲方确认已经收到。

第三条　甲方的保证

甲方保证其转让给乙方的目标股权拥有完全处分权，且目标股权无质押、未被查封、免遭第三人追索，否则甲方应承担由此引起的经济和法律责任。

甲方违反上述规定给乙方造成损失的，乙方有权向甲方追偿。

第四条　有关公司盈亏（含债权和债务）的分担

1. 目标股权的工商变更登记手续办理完成后，乙方成为公司股东。即日起，依照其股权比例享有利润分成，承担经营风险与亏损。

2. 自本协议生效起，乙方享有公司债权；未经乙方书面允许，甲方不得处分。

3. 乙方成为公司股东前，公司的全部债务由甲方以个人资产承担连带清偿责任，与乙方无关；乙方先行垫付的，甲方应偿付。乙方成为公司股东后，公司产生的债务由乙方承担。

4. 甲方在本协议签订后，应保证向乙方如实披露公司债务。若在股权转让前，甲方未如实告知乙方公司所负债务情况，致使乙方成为公司股东后所遭受的损失，乙方有权向甲方追偿。

第五条　变更登记

1. 甲、乙双方同意并确认，公司股权的工商变更登记手续由甲方负责办理。

2. 甲方办理目标股权的工商变更登记手续需要乙方配合时，乙方应配合。

第六条　违约责任

1. 本协议任何一方违反本协议约定时，应承担违约责任。

2. 以下任何一种情形出现时，视为甲方违约，乙方有权单方面解除本协议，并有权要求甲方赔偿乙方因此造成的所有损失；同时，乙方亦有权让甲方继续履行本协议，此时甲方须向乙方支付股权转让总价款每日万分之三的逾期履行违约金，直至违约情形结束。

（1）甲方未能履行本协议第三条"甲方的保证"，或者其他任何一项有关保证、承诺的条款。

（2）甲方违反本协议约定的条件及时限办理股权转让的商事登记、更改股东名册、更改章程等手续的。

3. 若乙方未能按照本协议约定的条件及时限履行付款义务，乙方须向甲方支付股权转让总价款每日万分之三的逾期履行违约金，直至违约情形结束。

4. 本协议签订后，如因乙方原因导致甲方不接受乙方付款的，甲方不承担逾期付款的违约责任。

第七条　协议的变更或解除

1. 协议双方协商一致，可以变更或解除本协议。

2. 经协商变更或解除本协议的，双方须另签订协议。

第八条　有关费用的承担

在本次股权转让过程中发生的有关费用，由_____方全部承担。

第九条　争议的解决

凡因本协议引起的或与本协议有关的任何争议，甲、乙双方应友好协商解决。如无法协商，在双方均同意的情况下，可提交_____公司注册所在地法院处理。

第十条　生效条件

本协议经双方签字即成立并生效。

第十一条　文本

1. 本协议一式二份，双方各执一份，具有同等效力。

2. 因办理工商变更登记手续而需要甲、乙双方另行签订的文本，其内容若与本协议不一致的，均以本协议为准。

甲方：　　　　　　　　　　　　　　乙方：

签字：　　　　　　　　　　　　　　　签字：

日期：　　年　　月　　日　　　　　　日期：　　年　　月　　日

对并购双方来说，股权转让是一件比较重要的事。因此，在撰写股权转让协议时，双方应该仔细商谈并深入交流，明确各项条款的具体内容，防止股权转让后产生不必要的纠纷。

12.1.3　增资协议

增资是指公司为了扩大规模、提升资信程度，依法增加注册资本的行为。而增资协议则是目标公司与增资方签订的协议，约定增资金额、股权比例、变更登记等事项。下面整理了一份增资协议的范本，供大家参考。

增资协议

甲方（原股东）：A 公司

地址：

法定代表人：

乙方（原股东）：B 公司

地址：

法定代表人：

丙方（新股东）：C 公司

地址：

法定代表人：

丁方（目标公司）：D 公司

地址：

法定代表人：

鉴于：

1. D 公司为依法成立、有效存续的有限责任公司。D 公司同意以增资的方式引进资金，扩大经营规模。

2. D 公司的原股东及其持股比例分别为：A 公司，出资额＿＿＿万元，占注册资本的＿＿＿%；B 公司，出资额＿＿＿万元，占注册资本的＿＿＿%。

3. C 公司为依法成立、有效存续的有限责任公司。C 公司同意对 D 公司投资并参与 D 公司的日常管理。

4. D 公司的原股东同意丙方向 D 公司增资，将 D 公司的注册资本提升至人民币＿＿＿万元。

5. D 公司的原股东同意并放弃对新增注册资本认缴出资的优先权。

为此，各方本着平等互利的原则，经过友好协商，就 D 公司增资事宜达成如下协议条款。

第一条 丙方以现金认购新增注册资本＿＿＿万元，认购价为人民币＿＿＿万元。（认购价以审计评估机构对 D 公司的资产净值做出的估值为依据，其中的部分资产作为注册资本，所余部分作为资本公积金。）

第二条 增资后 D 公司的注册资本由＿＿＿万元增加到＿＿＿万元。D 公司须重新调整注册资本总额及股东出资比例，并办理相关的工商变更登记手续。各股东的持股比例如下：

股东名称：＿＿＿＿＿；出资形式：＿＿＿＿＿；出资金额：＿＿＿＿＿（万元）；出资比

例：_____；签章：_____。

股东名称：_____；出资形式：_____；出资金额：_____（万元）；出资比例：_____；签章：_____。

股东名称：_____；出资形式：_____；出资金额：_____（万元）；出资比例：_____；签章：_____。

第三条　出资时间

1. 丙方应在本协议签订之日起_____个工作日内将本协议约定的认购总价一次性足额存入 D 公司指定的银行账户。

2. 丙方超过约定日期 10 日未支付认购款，甲、乙双方有权解除本协议。

第四条　股东会

增资后，甲、乙、丙方成为 D 公司的股东，并依据《中华人民共和国公司法》以及其他法律法规、部门规章、公司章程的规定按其出资比例享有权利、承担义务。

第五条　董事会和管理人员

1. 增资后，D 公司的董事会成员需要进行调整，由甲、乙、丙三方依据章程规定和协议约定进行任命。

2. 董事会由_____名董事组成，其中丙方选派_____名董事，甲、乙方选派_____名董事。

3. 增资后，D 公司的执行董事与财务总监由丙方指派，其他高级管理人员可由甲、乙方推举，由董事会聘用。

第六条　监事会

1. 增资后，D 公司的监事会成员由甲、乙、丙方推举，由股东会选聘和解聘。

2. 增资后，D公司的监事会由_____名监事组成，其中丙方任命_____名，甲、乙方任命_____名。

第七条 公司注册登记的变更

1. 各方应全力协助D公司完成工商变更登记。

2. 如在丙方缴纳所有认购资金之日起_____个工作日内，D公司仍未完成工商变更登记，则丙方有权单方面解除本协议。协议解除后，D公司须将丙方缴纳的全部资金返还丙方，不计利息。

第八条 有关费用的承担

1. 在本次增资事宜中所发生的一切相关费用（包含验资费、评估费、律师费、工商变更登记费等）均由D公司承担。

2. 若本次增资未能完成，过程中的一切相关费用均由D公司承担。

第九条 保密

在本次增资的过程中，甲、乙、丙三方对从他方获得的有关业务、财务情况及其他保密事项与资料应予以保密；除须知道上述保密资料的本公司工作人员外，不得向其他第三方透露。

第十条 违约责任

任何一方违反本协议给他方造成损失的，须承担赔偿责任。

第十一条 争议的解决

因履行本协议而发生的所有争议，各方应以友好协商的方式解决；协商不成，任何一方均有向D公司所在地人民法院起诉的权利。

第十二条　附件

1. 本协议的附件是本协议的一部分，与本协议具有同等法律效力。

2. 本条所指的附件是指为实现增资目的，甲、乙、丙三方向其他方提供的证明履行本协议合法性的资料、专业报告、政府批复等。

具体包括：

（1）股东会、董事会决议；

（2）审计报告；

（3）验资报告；

（4）资产负债表、财产清单；

（5）与债权人签订的协议；

（6）证明增资扩股合法性、真实性的其他文件资料。

第十三条　其他规定

1. 经各方协商一致，并签订书面协议，可对本协议进行修改。

2. 本协议自各方签字或盖章之日起生效。

3. 本协议一式 10 份，甲、乙、丙三方各执 1 份，D 公司留存 3 份，4 份用于办理与本协议有关的报批和工商变更登记手续。

甲方：

法定代表人或授权代表（签字或盖章）：

乙方：

法定代表人或授权代表（签字或盖章）：

丙方：

法定代表人或授权代表（签字或盖章）：

丁方：

法定代表人或授权代表（签字或盖章）：

签订日期： 年 月 日

12.1.4 保密协议

商业机密是一家公司的核心竞争力，关乎公司的生存和发展。下面整理了一份保密协议的范本，供大家参考。

保密协议

甲方：

法定代表人：

地址：

乙方：

法定代表人：

地址：

因乙方现正在与甲方商谈并购事宜，已经（或将要）知悉甲方的商业秘密。为了明确乙方的保密义务，有效保护甲方的商业秘密，防止甲方的商业秘密被公开披露或以任何形式泄露，根据《中华人民共和国民法典》《中华人民共和国劳动法》《中华人民共和国反不正当竞争法》的有关规定，甲、乙双方本着平等、自愿、公平和诚实信用的原则签订本协议。

第一条　商业秘密

1. 本协议所称商业秘密包括：财务信息、经营信息，以及甲方《文件管理办法》中列为绝密、机密级的各项文件。乙方对此商业秘密承担保密义务。本协议之签订可认为甲方已对自己的商业秘密采取了合理的保密措施。

2. 财务信息指甲方拥有或获得的有关生产和产品销售的财务方案、财务数据等一切有关的信息。

3. 经营信息指有关商业活动的市场营销策略、货源情报、定价政策，不公开的财务资料、合同、交易相对人资料、用户名单等销售和经营信息。

4. 甲方依照法律规定和有关协议的约定对外承担保密义务的事项，也属于本协议所称的商业秘密。

第二条　保密义务人

乙方为本协议所称的保密义务人。保密义务人同意为甲方利益尽最大努力，在商谈期间不从事任何不正当使用甲方商业秘密的行为。

第三条　保密义务人的保密义务

1. 保证商业秘密不被披露或使用，包括意外或过失。

2. 在商谈期间，保密义务人未经授权，不得以竞争为目的，或出于私利，或为第三人谋利，或为故意加害于甲方，擅自披露、使用商业秘密，制造相关产品，取走与商业秘密有关的物件；不得直接或间接地向甲方内部、外部的无关人员泄露商业秘密；不得向不承担保密义务的任何第三人泄露商业秘密。

3. 如果发现商业秘密被泄露或因自己过失泄露商业秘密，则应采取有效措施防止泄密范围进一步扩大，并及时向甲方报告。

4. 商谈结束后，乙方应将与工作有关的财务信息、经营信息等交还甲方。

第四条 保密义务的终止

1. 甲方授权同意披露或使用商业秘密。

2. 有关的信息、技术等已经进入公共领域。

3. 双方商谈、股权并购事宜履行完毕。

第五条 违约责任

1. 保密义务人违反协议中的保密义务，应承担违约责任。

2. 乙方将商业秘密泄露给第三人或使用商业秘密使甲方遭受损失的，乙方应对甲方进行赔偿，赔偿数额不少于由于其违反义务给甲方带来的损失。

3. 因乙方恶意泄露商业秘密给甲方造成严重后果的，甲方将通过法律手段追究其侵权责任。

第六条 争议的解决

因执行本协议而发生纠纷的，由双方协商解决或共同委托双方信任的第三方调解。协商、调解不成，或者一方不愿意协商、调解的，争议将提交给仲裁委员会，按该委员会的规则进行仲裁。仲裁结果是终局性的，对双方均有约束力。

第七条 双方确认

在签订本协议前，双方已经详细审阅了协议的内容，并完全了解协议各条款的法律含义。

第八条 协议的效力和变更

1. 本协议自双方签字或盖章后生效。

2. 本协议的任何修改必须经过双方的书面同意。

3. 本协议一式二份，甲、乙双方各执一份。

甲方（签字或盖章）：　　　　　　　　乙方（签字或盖章）：

日期：　　年　　月　　日　　　　日期：　　年　　月　　日

为了使并购顺利进行，有些商业机密可能需要公开。此时，明确双方的义务和责任，充分保护双方的商业机密，防止商业机密以任何形式被泄露出去就非常重要。签订保密协议可以实现这些目的，这也为之后双方可能发生的纠纷及潜在的问题提供了解决依据。

12.2　并购合同：四大关键条款

在并购合同中，价格调整条款、价款支付条款、基准日条款、承诺与保证条款是必不可少的四大关键条款。并购方和被并购方谁掌握了设置这四大关键条款的真谛，谁就能让并购合同对自己更有利，同时可以在并购中占据更多优势。

12.2.1　价格调整条款

签订并购合同后，并购方将对被并购方的财务、资产、账目等进行稽核，并根据最终的稽核结果对股价进行调整。在具体操作时，并购方需要开展以下几项工作。

（1）根据被并购方提供的资产、土地使用权、知识产权明细表，对其进行查验。如果实际数量与明细表上记录的数量不符，则需要参照已有部分的单价调整被并购方的资产总值和所有者权益。

（2）对资产负债表上列明的货币资金、各项流动资产、应付账款进行稽核，对欠据、借条、坏账进行处理，据此调整被并购方的资产总值和所有者权益。

（3）对被并购方的存货进行稽核，对损坏、过期的备品备件，以及过期的包装物进行处理，据此调整被并购方的资产总值和所有者权益。

（4）对税款是否全部缴纳、应付经销商的折扣是否支付、员工的奖金和福利费用是否支付、其他负债项目是否完成等进行稽核，据此调整被并购方的资产总值和所有者权益。

通过上述工作，并购方可以更精准地设计股价，再将这个股价以签订并购合同的方式确定下来。对并购方来说，稽核和查验等工作应该控制在两个星期内完成，整个过程需要由专业人士主导。

在工作安排方面，将稽核和查验等工作安排在股权交割完成后进行比较合适。因为股权交割完成，意味着被并购方已经由并购方管理，各项工作的开展会更容易和顺利一些。

12.2.2　价款支付条款

价款支付条款的内容主要是并购方的付款方式和付款期限。以下是该条款的示例。

1. 第一批付款

在并购合同签订、确保向市场监督管理局申请变更登记的手续齐全，且已经完成向市场监督管理局申报后的＿＿＿日之内，并购方应该按照并购价格的百分之＿＿＿向被并购方支付第一批并购价款。（如果是外资并购，则第一批并购价款的支付通常在并购合同经过我国政府批准生效之后、被并购方的管理权交割之前。如果采用的是预估价格，则按照预估价格支付第一批并购价款。）

2. 第二批付款

在市场监督管理局核准被并购方的变更登记申请，被并购方取得新的营业执照后的_____日之内，并购方按照并购价格的百分之_____向被并购方支付第二批并购价款。

3. 第三批付款

在市场监督管理局核准被并购方的变更登记申请，被并购方取得新的营业执照，且并购价格确定后的_____个月之内，并购方完成剩余并购价款的支付。

为了规避并购风险，以及顺利取得或然负债（未来可能出现的负债，通常是由担保、诉讼、仲裁、产品保修等费用引起的）的赔偿，并购方必须争取把一部分价款留在自己手里。

另外，为了避免在税务方面出现争议，价款支付条款中可以增加这样的内容："经过双方的友好商定，乙方（并购方）同意以税后价款（或不含税价款）_____万元并购甲方（被并购方）百分之_____的股权。"

12.2.3　基准日条款

在并购中，基准日是双方利益和责任的分水岭。具体来说，在基准日之前，利益和责任归被并购方；在基准日之后，利益和责任归并购方。

基准日在并购中发挥重要的作用，我们需要设置与之相关的条款，如明确"并购的基准日为_____年_____月_____日"。

在并购中，基准日的功能主要有两个：一是自该日起，被并购方不可以进行利润分配，或者转让与处分无形资产、固定资产、土地产权、销售网络等特有资源；二是自该日起，双方可以约定进入共同监管期，也可以约定被并购方订立什么合同应该经过并购方的同意。

12.2.4 承诺与保证条款

承诺与保证条款涉及并购过程中难以取得客观证据的事项，以及可能发生的影响交易进度或有损某一方利益的情形。被并购方及其原股东需要借助该条款对相关事项和情形做出承诺与保证。通常来说，该条款主要包括以下几项内容。

1. 原股东、业务的合规性

原股东必须是依法成立和有效存续的公司法人或拥有合法身份的自然人，而且必须有完全的民事权利能力和行为能力。在业务合规性方面，公司开展业务必须具备所需的所有必要批准文件、营业执照和许可证等。

2. 签订、履行并购合同的合法性

在签订、履行并购合同的过程中，并购双方不能违反法律法规、行业准则、公司章程，也不能违反已经签订的任何有法律效力的协议。

3. 过渡期内的股权保护

在过渡期内，原股东不可以转让自己持有的被并购方的股权；被并购方不可以为原股东分红，也不能利用资本公积金转增股本；被并购方必须保证自己的资产没有被抵押、质押、留置、司法冻结，也不存在其他权利负担；被并购方不能通过任何方式直接或间接地处置资产，而且必须处理好正常经营以外的重大债务；被并购方的经营或财务情况必须稳定，短期内不会发生重大不利变化。

4. 信息披露的及时性、真实性

被并购方及原股东必须充分、详尽、及时地披露与并购相关的所有信息和资料，

披露的信息和资料必须真实、有效，不得有重大遗漏、误导和虚构。如果有并购前未披露的税收、负债或其他债务，则由原股东承担。

5．并购合同的真实性、准确性、完整性

并购合同中的声明、保证、承诺等内容必须真实、准确、完整。自并购合同签订之日起，并购合同产生法律效力，并购双方必须严格履行合同。

12.2.5　撰写并购合同应注意的要点

撰写并购合同是并购过程中至关重要的一环，有以下几个要点需要注意。

（1）明确核心条款。并购合同中应包括交易对价、支付方式、并购时间、并购后公司的治理安排、业务整合计划等核心条款，以确保并购交易的关键细节得到妥善处理。

（2）重视附加条款。除了基本的条款，根据并购的具体情况和需求，可能还需要在并购合同中加入一些特殊的附加条款，包括但不限于员工安置条款、审批条款、免责条款、先决条款、过渡条款、保密条款等。这些条款的内容要严谨，以确保双方的权益得到充分保护。

（3）根据并购类型设置条款。针对不同类型的并购（如部分股权、控股权或特定资产），并购合同中应明确相应的条款。例如，部分股权的并购可能需要排除其他股东的优先购买权；控股权的并购应明确财产和债务状况；特定资产的并购应详细描述资产的现状，包括潜在的权利瑕疵。

（4）设置保障条款。为了保护并购方的合法权益，并购合同中应该有保障条款，如排他条款、不公开条款、锁定条款等。设置这些条款的目的是防止被并购方反悔或拒绝并购，从而降低交易风险。

（5）平衡多方权益。并购涉及多个利益相关者，包括被并购方、并购方、股东、债权人和员工等。因此，在撰写并购合同时，各方之间的权益平衡至关重要。要确保充分沟通、协商，并明确各方的权力和责任，以避免并购后产生纠纷。

（6）确定适用的法律和争议解决方式。这可以确保合同纠纷得到妥善解决。

（7）关注合同金额和支付方式的合理性。合理确定合同金额和支付方式，确保交易双方能够公平、合理地承担义务。

（8）确保条款的一致性和完整性。确保并购合同中的条款一致、完整，没有遗漏或矛盾之处，以避免未来产生纠纷和误解。

在撰写并购合同时注意以上要点，能确保并购合同更合理、有效，充分保障各方的利益，使并购顺利进行。

12.3 如何安全地变更股权

并购进入执行阶段，一项重要的工作就是股权变更。股权变更意味着股权所有人发生变化，其中隐藏着很多法律隐患。如果并购方无法妥善地处理这些法律隐患，就会拖慢股权变更的进程，从而使自身的权益受到损害。

12.3.1 在股东会上做股权变更表决

股东想向第三方转让股权，必须征求其他股东的同意，因此股权变更的第一步就是召开股东会。在股东会上，股东根据法定程序对股权变更的相关事项进行表决。只有过半数的股东同意股权转让，而且没有受让股权的其他股东放弃优先购买权，股权才可以对外转让。否则，即使股权被转让出去，也不具备法律效力。不过，如果公司章程中对股权转让做出了规定，那么需要从其规定。

此外，无论是召开股东会进行表决，还是单个股东同意股权转让，都必须有书面协议，这样可以避免其他股东事后反悔而引发不必要的纠纷。

12.3.2　签订股权转让协议，完成交割

交割是股东将股权转让出去的标志。股权转让双方一旦签订股权转让协议，或者办理好股权交割手续，就意味着股权转让完成。股权转让完成后，转让股权的股东不再享受分红权、表决权等权利，而获得股权的第三方则成为公司的新股东，享受股东权利。

关于股权交割，以下几个关键点需要相关方提前了解。

（1）国家持有的股权的交割。国家持有的股权的交割，必须得到有关部门的批准。在股权交割的过程中，必须确保国家的权益不受损害。

（2）公平对待外地委托人。证券交易、登记、过户、经营等机构需要确保外地委托人与本地委托人享有同等的待遇，不得对任何一方进行歧视或差别对待。

（3）股票买卖规定。股份有限公司的董事、监事、高级管理人员和持有公司 5%以上表决权的法人股东，在买入或卖出公司股票后的 6 个月内，不得进行反向操作，否则由此产生的利润须归公司所有。

（4）股权转让场所。所有股权的转让，必须在法律规定的证券交易所或依据国务院规定的其他方式进行。

（5）创始人和早期股东的股权限制。公司创始人所持有的股权在公司成立一年内不得转让。对于在公司公开上市前已分配的股权，自股票在证券交易所上市交易之日起一年内不得转让。

了解并遵守这些规定，对于确保股权交割的合法性和公平性至关重要。如有疑问或需要专业建议，可以咨询法律专业人士。

12.3.3　根据股权变更情况调整章程

公司章程中记载了股东名称、股权比例等信息，股权交割完成后，公司的股权架构会发生变化。根据《公司法》对股东会职权的规定，股权变更后需要通过股东会对公司章程进行修改。但如果修改公司章程只涉及股东和出资额，则不需要召开股东会进行表决。

股东会做出修改公司章程的决定，需要有代表 2/3 以上表决权的股东同意。有限责任公司的股东会应当将所议事项的决定整理成会议记录，出席会议的股东应当在会议记录上签字或盖章。股份有限公司的股东会也要将所议事项的决定整理成会议记录，主持人、出席会议的董事应当在会议记录上签字。会议记录应当与出席股东的签名册及代理出席的委托书一并保存。

12.3.4　进行股权变更登记并发布公告

当公司出现重大变更事项时，如公司章程修改、股东股权变更、董事会变更、监事会变更等，必须向相关部门申请变更登记。根据相关法律法规，有限责任公司如果需要变更股东，则应该自股东发生变更之日起 30 日内到相关部门办理变更登记。

需要注意的是，有限责任公司的内部股东之间不引起股东名称发生变化的股权转让，无须办理变更登记；非上市股份有限公司的股权转让，也无须办理变更登记。

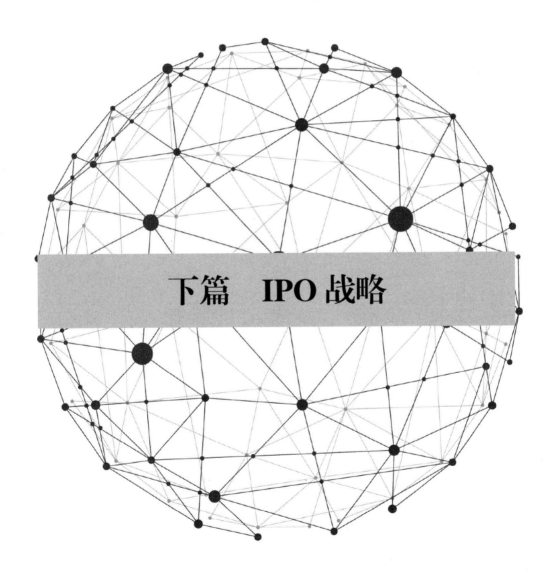

下篇　IPO 战略

13 第13章
上市规划：提升公司竞争力

对公司来说，上市的优势很多，包括公开筹集资金、改善治理结构、扩大宣传范围等。但上市不是一件容易的事，创业者需要为此做很多准备。而且，上市有可能中途失败，创业者应该有强大的心理素质和良好的心态。

13.1 你的公司真的适合上市吗

很多创业者在了解到上市的巨大价值后，便盲目地开展上市工作。实际上，不是所有公司都适合上市，也不是所有公司都能顺利上市。为了降低上市的难度，让上市的作用真正发挥出来，创业者应该从上市动机、上市条件两个方面入手，分析公司是否应该上市。

13.1.1 分析上市动机是否合理

在竞争激烈的商业环境中，上市成为公司提升竞争力、实现快速扩张和可持续增长的关键途径。但所有公司都应该上市吗？当然不是。上市前，创业者应该分析上市动机，只有上市动机合理，上市才能获得好的效果。

常见的上市动机有以下几种。

动机一：优化财务体系，保证公司未来可以进行更大规模的融资。

动机二：补充资本金，降低财务杠杆，减轻现金流压力。

动机三：提高估值和创始人的身价。

动机四：提高知名度，获得品牌溢价，使公司在后期的商务合作中更具优势。

动机五：变革经营战略，完善管理制度，实现规范化发展。

动机六：促使管理层诚实守信、勤勉尽责，为公司的稳定发展奠定基础。

动机七：上市后的股票期权计划和员工持股计划，对员工有很大的吸引力，可以帮助公司吸引和留住更多高素质人才，增强公司的凝聚力和向心力。

动机八：为股东提供一个良好的退出机会，让股东获得丰厚的回报。

以上是大多数公司的上市动机，还有一些公司希望借助上市实现财富自由。这些公司一旦上市，获得了巨额回报，就很难再有奋斗的动力。久而久之，这些公司就会出现业绩不佳、股价下跌等情况。

更有甚者，试图通过弄虚作假、操纵资本市场等不良行为欺骗监管机构，以达到上市的目的。这种行为不仅违反了商业道德，还违反了法律法规，上市不成功和公司衰败是必然的。

13.1.2 衡量上市条件是否满足

上市的作用很多，如便于融资、提高影响力等。于是，很多公司对上市趋之若鹜。不过，上市不是公司想做就可以做的事，至少要满足以下条件。

（1）公司的注册必须符合相关法律法规，而且应该具备完整的法人资格等。

（2）证券交易所通常会对公司的经营年限和发展阶段有要求。例如，某些证券交易所要求公司至少经营三年，并处于成熟发展阶段，以保证公司有稳定的业务。

（3）公司需要制定明确的业务规划和发展战略，包括产品线拓展战略、市场拓展方案、技术创新战略等。

（4）公司需要满足一定的财务条件，包括连续多少年盈利达到多少万元、净利润率在哪个范围内等。另外，公司需要具备一定的业务规模和可持续增长能力。

（5）公司需要有稳定的管理团队和骨干员工，以应对市场挑战，满足业务发展需求。他们的专业程度、工作经验、声誉等都会对公司的上市申请产生影响。

（6）上市前，公司需要完成股权架构调整，保证股东数量及其股权比例符合上市规定。例如，有一定数量的散户股东、股权不过于集中等。

（7）公司必须有健全的组织架构，包括董事会、监事会、高级管理层等。此外，公司应该制定有效的内控制度，以保障资金安全和数据合规。

（8）公司需要按照规定进行及时、准确、完整的信息披露。

通常来说，上市的国家、地区或证券交易所不同，上市条件会有所差异。但无论如何，上市条件都会涉及财务、盈利、管理、股权等方面。上市前，创业者需要评估公司的实际情况，并与相关机构合作，让公司尽快满足要求，以顺利完成上市的整个流程。

13.2　哪种上市方式适合你

境内上市、直接境外上市、间接境外上市都是常见的上市方式。那么，哪种方式更适合自身公司？这是每位创业者都必须思考的问题。下面将详细介绍三种上市方式，以帮助公司更好、更快地上市。

13.2.1 境内上市：证券交易所+板块

随着资本市场的不断发展，公司寻求在境内上市的趋势越来越明显。然而，在境内上市并非易事。想在境内上市，创业者要了解上海证券交易所、深圳证券交易所、北京证券交易所的运作机制，并选择适合自己的板块，如主板、中小板、科创板等。

以上海证券交易所为例，如果公司想在上海证券交易所上市，就需要了解上海证券交易所的运作机制。上海证券交易所是一个拥有自主运作和管理权的法定交易场所，可以为公司和投资者提供集中竞价、竞价撮合等多种交易方式，以及股票、债券等多种交易标的。

上海证券交易所拥有多个板块，每个板块都有相应的上市标准，能够满足不同类型公司的上市需求。在选择上市板块时，公司需要充分考虑融资需求、上市条件等关键因素。不同板块对融资模式和上市条件的要求各异，公司应根据自身实际情况进行选择，确保与目标板块的要求相匹配。

为确保顺利上市，保障股东、投资者及其他利益相关者的权益，公司还应建立健全的治理结构。健全的治理结构不仅能提高公司的透明度和公信力，还有助于公司在资本市场中树立良好的形象，从而更快地获得投资者的认可，加速上市和融资进程。

公司申请在上海证券交易所上市，须经过严格审查，其中财务情况是审查的重点内容。因此，公司在筹备上市的过程中，应对自身财务情况进行全面的梳理和评估，确保各项财务指标达到上市标准。否则，可能导致上市进程受阻，甚至遥遥无期。

2023 年 6 月，中国煤炭科工集团有限公司（以下简称"中国煤科"）旗下的北京天玛智控科技股份有限公司（以下简称"天玛智控"）在上海证券交易所上市。这是中国煤科旗下的第二家上市公司，也是中国煤科旗下的首家在上海证券交易所科创板公开发行 A 股的上市公司。

天玛智控主要从事无人化煤矿智能开采装备及技术的研发、生产和销售，致力于以优质的产品和服务提高煤矿开采的效率与安全水平，让煤矿开采工人脱离恶劣、危险的工作环境，为煤炭公司创造更大的价值。

未来，天玛智控将以科创板上市为契机，借助资本市场的力量，继续聚焦无人化煤矿智能开采主业。另外，天玛智控将严格遵守中国证监会和上海证券交易所的监管规则，努力打造智能化装备、技术和服务一体化的一流创新型公司。

13.2.2　直接境外上市：H 股+N 股+S 股

直接境外上市是指公司以境内股份有限公司的名义向境外证券主管部门申请登记注册、发行股票，并向当地证券交易所申请上市交易，即我们经常说的 H 股、N 股、S 股。

1．H 股：内地注册，中国香港地区上市

目前很多公司都将 H 股市场作为境外上市的首选。所谓 H 股，就是在中国香港地区上市的股票，即注册在内地、上市在中国香港地区的股票。H 股采用"T+0"交割制度，涨跌幅度没有限制。在 H 股市场上市必须遵守香港交易所的上市规则，具体内容可以在香港交易所官网上查询。

在 H 股市场上市 6 个月后，公司就可以进行新股融资，这为公司进行再融资提供了便利。另外，中国香港地区的资金流出与流入没有太多限制，有利于公司建立国际化运营平台。

2. N股：内地注册，纽约上市

N股是指注册在内地、上市在美国纽约证券交易所的外资股。在经济一体化、金融全球化的影响下，很多公司选择到美国上市。不过前提是公司必须发展到一定的规模，可以进行有效的投资关系管理。

在N股市场上市的优势有以下几点。

（1）N股的发行只需要符合美国的相关规定即可，审批过程相对独立。

（2）在N股市场上市的公司容易获得更高的估值，而且估值的稳定性，以及估值过程的安全性和透明性较高。

（3）在N股市场上市能提升公司的国际影响力，有利于保障公司在资本市场的主导地位，为公司创造与国际投资者互动的机会。

（4）美国的证券市场比较成熟和活跃，交易制度也比较开放和自由，投资者投资在N股市场上市的公司可以获得更高的回报。

当然，N股市场也存在一些不足之处，如审批和监管难度大、时间成本不占优势、上市费用较高、存在更多的法律和监管挑战等。这些也是创业者需要注意的。

3. S股：内地注册，新加坡上市

S股是指在新加坡上市，但注册在内地的股票。在S股市场上市属于跨境上市，公司可以通过这种方式在境外融资，提高自己的国际知名度和国际竞争力。

我国在新加坡上市的公司大多属于制造、交通、基建、通信、商业贸易、房地产等领域，如亚洲创建、化纤科技、亚洲电力等。

上市对公司的意义重大，到底选择在哪个市场上市需要创业者慎重考虑。

13.2.3　间接境外上市：买壳+造壳

与直接境外上市相对应的是间接境外上市，即境内公司在境外借壳上市。

境外借壳上市主要有两种模式：境外买壳上市和境外造壳上市。这两种模式的本质都是将境内公司的资产注入壳公司，以达到境内公司在境外上市的目的。

1. 境外买壳上市

以境外买壳的模式上市通常涉及两个主体：一个是境内公司，另一个是境外上市公司。首先，境内公司需要找一家壳公司，即境外上市公司；其次，境内公司向壳公司注资，以获得其部分或全部股权。这样境内公司就可以间接地在境外上市。

公司想要在境外间接上市，找到一家适合自己的壳公司是关键。一家理想的壳公司通常有四个特点：规模小且股价低；股东数量为 300～1000 人；最好没有负债，即便有负债，也要特别少；业务与境内公司的业务接近，业务模式简单。

境外买壳上市对财务披露的要求比较宽松，可以缩短上市周期。但是，境外买壳上市有两个缺点：一是买壳需要花费比较高的成本，二是风险大。有些境内公司对壳公司不熟悉，购买后发现无法帮助自己上市，反而背上了债务包袱。

境外买壳上市需要选择合适的时机，否则很难上市成功。境外买壳上市可以实现在最短的时间内上市，公司不需要把大量时间花费在准备工作上。国美电器、盈科数码、华宝国际都是在境外买壳后等待时机最后成功上市的典型。

2. 境外造壳上市

想要通过境外造壳上市，境内公司需要先在境外开设一家公司，然后以外商控股公司的名义将一定比例的股权及利润输送至境外公司，以达到境外间接上市的目的。

境外造壳上市有以下四个优势。

（1）以境外公司的名义在境外证券交易所申请上市，避免了境内和境外上市地的法律相互抵触的问题，从而有效节省上市时间。

（2）直接在目的地开设新的壳公司申请上市，在这个过程中，境内公司可以充分发挥主动性，上市风险较小。此外，造壳成本往往比买壳成本低。

（3）因为壳公司是在境外设立的，所以股权转让、认股权证、经营管理等方面的法律法规都与国际接轨，这对境内公司的创始人、股东及其他管理层是非常有利的。

（4）由于壳公司在境外注册，因此没有发起人限制，全部股票都可以流通买卖。

当然，境外造壳上市也有不足之处。例如，境内公司需要将一大笔资金注资到境外的壳公司中，很多经济实力比较差的中小型公司难以做到这一点。

至于是以境外买壳还是以境外造壳的方式上市，要根据公司的经济实力、上市计划等来决定。如果公司的经济实力很强，那比较适合境外买壳上市；如果公司对上市周期有比较高的要求，则境外造壳上市是一个不错的选择。

13.3　上市重点工作

通过上市，公司可以在短时间内筹集到自己需要的资金。但上市是很严谨的，公司不仅要遵循特定的流程，还要做好其中的一些重点工作，包括组建小组、上市辅导等。

13.3.1　前期工作：建小组+定方案+改制

公司决定上市后，首先需要做的就是组建上市工作小组，制定上市工作方案并改制。

1．组建上市工作小组

上市工作小组一般由董事长任组长，董事会秘书、公司财务负责人、办公室主任、相关政府人员作为组员。另外，还需要寻求证券公司（保荐机构/主承销商）、会计师事务所、律师事务所、资产评估公司等中介机构的帮助，让中介机构配合上市工作小组的工作。

中介机构进场后就可以开展尽职调查了。尽职调查的内容主要包括公司成立、组织和人事等基本信息，业务和产品状况，经营现状和可持续发展情况，财务情况和资产情况，重要合同、知识产权、诉讼情况，纳税、社保、环保、安全情况等。

2．制定上市工作方案

完成尽职调查后，上市工作小组应该和中介机构一起对尽职调查的结果进行分析，找到公司存在的问题及解决思路和解决方案，然后制定上市工作方案。

上市工作方案的主要内容包括公司现状分析、公司改制和重组的目标、股权架构的调整、资产重组的原则和内容、重组过程中应该注意的问题、上市操作的相关事宜、上市的工作程序和时间安排、人员的职责划分等。

3．改制

只有股份有限公司才能上市，有限责任公司在申请上市前必须改制为股份有限公司，具体可以从以下几个方面着手。

（1）净资产折股/验资。

对于净资产折股/验资，《公司法》做出了相关规定。

《公司法》第四十八条规定："股东可以用货币出资，也可以用实物、知识产权、土地使用权、股权、债权等可以用货币估价并可以依法转让的非货币财产作价出资；但是，法律、行政法规规定不得作为出资的财产除外。

"对作为出资的非货币财产应当评估作价，核实财产，不得高估或者低估作价。法律、行政法规对评估作价有规定的，从其规定。"

《公司法》第一百零八条规定："有限责任公司变更为股份有限公司时，折合的实收股本总额不得高于公司净资产额。有限责任公司变更为股份有限公司，为增加注册资本公开发行股份时，应当依法办理。"

（2）召开相关会议。

公司成立后，发起人必须召开公司成立大会。《公司法》第一百零三条规定："募集设立股份有限公司的发起人应当自公司设立时应发行股份的股款缴足之日起三十日内召开公司成立大会。发起人应当在成立大会召开十五日前将会议日期通知各认股人或者予以公告。成立大会应当有持有表决权过半数的认股人出席，方可举行。

"以发起设立方式设立股份有限公司成立大会的召开和表决程序由公司章程或者发起人协议规定。"

此外，发起人还需要组织召开股份有限公司的第一届董事会会议、第一届监事会会议，并选举董事长、董事会秘书、监事会主席、公司总经理等高级管理人员。

（3）申请登记注册。

公司登记机关收到股份有限公司的设立登记申请文件后，会对文件进行审核，并在 30 天内做出是否予以登记的决定。如果设立登记申请文件符合《公司法》的各项规定，那么公司登记机关将予以登记，并给公司下发营业执照。

13.3.2 配合相关部门做上市辅导

证监会要求，上市前，公司必须由具备主承销资格的证券公司进行上市辅导。上市辅导的程序如下。

（1）从业务独立性、资信水平、专业资格、研发水平、市场推广能力、具体承办人员的业务能力等方面对辅导机构进行评估，根据评估结果选择真正有实力的辅导机构。

（2）确定辅导机构后，可以让辅导机构尽早介入上市工作，如参与上市规划等。

（3）公司需要与辅导机构签署正式的辅导协议。另外，公司与辅导机构需要在辅导协议签署后 5 个工作日内到公司所在地的证监会派出机构办理辅导备案登记。

（4）辅导正式开始后，辅导机构需要定期向证监会派出机构提交辅导工作备案报告。

（5）辅导机构会帮助公司找出现存问题，并提供整改建议，帮助公司对这些问题进行整改。如果公司遇到难以解决的问题，则可以寻求权威部门的帮助，以尽快解决问题。

（6）在辅导期内，公司除了接受辅导，还应该尽快准备上市事宜并在媒体上公告。公告后，证监会派出机构可能收到关于公司的举报信。为了核实情况，证监会派出机构会对公司进行调查。公司应该积极配合调查，消除上市过程中的风险。

（7）为了保证上市成功，辅导机构会对接受辅导的人员进行书面考试（辅导期内至少进行一次），全体应试人员的成绩须达到合格。

（8）辅导期结束后，如果辅导机构认为公司已经满足上市条件，则可以向证监会派出机构提交辅导工作总结报告和辅导评估申请。如果辅导机构认为公司没有达到上市要求，则可以向证监会派出机构申请将辅导时间适当延长一些。

（9）证监会派出机构在收到辅导机构提交的辅导评估申请后，会在 20 个工作日内对辅导工作进行评估。如果辅导工作合格，那么证监会派出机构会向证监会提交辅导监管报告，发表对辅导效果的评估意见，这意味着辅导结束。如果证监会派出机构认为辅导工作不合格，则通常会根据实际情况要求辅导机构延长辅导时间。

需要注意的是，辅导的有效期为 3 年，即辅导期满后 3 年内，公司可以向主承销商提出股票发行上市申请，超过 3 年，就必须重新聘请辅导机构进行辅导。

13.3.3 正式提交上市申请

辅导工作完成后，公司就可以向证监会提出上市申请。证监会在收到公司的上市申请后，会在 5 个工作日内做出是否受理的决定。如果同意受理，公司就需要按照相关规定向证监会缴纳相关费用，如审核费等。

受理上市申请后，证监会会对公司进行初审。初审时，证监会至少会向公司反馈一次初审意见，主承销商与公司根据初审意见将不齐全的文件补齐，然后第二次报至证监会；证监会对公司的补充文件进行审核后，将初审报告和文件提交至发行审核委员会审核；之后证监会根据发行审核委员会的审核意见对公司的上市申请做出核准或不予核准的决定。

上市申请核准通过后，证监会会向公司出具核准文件，反之则出具书面意见并说明不予核准的理由。上市申请不予核准的公司可以在接到证监会书面决定之日起两个月内提出复议申请，证监会将在收到复议申请后的两个月内重新做出决定。

13.3.4 发行上市

取得证监会的核准文件后，公司就可以安排接下来的上市工作了，包括刊登招股说明书、做询价与路演、准备上市公告书并刊登。

1. 刊登招股说明书

招股说明书包括五个部分：封面、目录、正文、附录、备查文件。创业者可以参考和分析已经成功上市的公司的招股说明书，结合自己公司的情况撰写招股说明书。通常在发出上市申请时，公司就应该已经有招股说明书的申报稿了。上市前，公司还需要与证券交易所协商招股说明书的定稿版，然后将其刊登在证券交易所的官网上。

2. 做询价与路演

刊登招股说明书后，公司需要在保荐机构的帮助下做询价与路演。

询价包括初步询价和累计投标询价。其中，初步询价指的是公司与保荐机构共同发出推介与询价函，并根据投资者的反馈报价确定初步询价区间。

在使用累计投标询价时，如果投资者的有效申购量大于股票发行量，但超额认购倍数小于 5，则以初步询价的下限为发行价；如果超额认购倍数大于 5，则从申购价格最高的有效申购交易开始逐笔向下累计计算，直至超额认购倍数首次超过 5，以此时的价格为发行价。

询价后，公司就可以开始路演。路演的目的是向社会推广公司的股票，以吸引更多的投资者。路演可以分为一对一路演、三地公开路演、网上路演。

一对一路演指的是公司、券商、IPO 项目组带着招股说明书、宣传片等宣传材料去拜访投资者，与他们进行一对一面谈；三地公开路演指的是选择三个比较发达的城市进行路演，并邀请券商、基金机构、私募机构等参与路演；网上路演指的是公司的管理层、保荐团队等在网上与投资者互动，回答投资者的问题，将投资者的投资欲望激发出来。

3. 准备上市公告书并刊登

在挂牌交易的前三天，公司需要发布上市公告书（通常发布在指定的报刊上），并将上市公告书备置于公司所在地、证券交易所、相关证券经营机构及其网点。这样做主要是为了向公众说明上市相关事项，同时帮助投资者在公司上市后做出正确的买卖选择。

撰写上市公告书需要注意以下四点。

（1）引用可靠、有效的数据，并给出权威的数据来源。

（2）数据格式应该是阿拉伯数字，货币单位应该是人民币。如果公司使用其他货币进行交易，则需要在上市公告书中进行特别标注。

（3）除了中文译本的上市公告书，一些公司还需要根据相关规定编制外文译本的上市公告书。此时公司必须保证中、外文译本的一致性。

（4）编制上市公告书应该使用描述性语言，而且语言应该尽量简洁、通俗易懂。

第 14 章
IPO 合规操作：别掉入上市陷阱

尚普咨询提供的数据显示，2023 年上半年，共有 196 家公司的 IPO 申请接受证监会发行审核委员会的审核，其中 175 家公司通过，10 家公司未通过，11 家公司暂缓，审核通过率为 89.29%。这些没有通过审核或暂缓审核的公司大多在合规方面出现了问题。例如，公司隐瞒重大内部问题就属于不合规操作，其上市申请大概率会被否决。

14.1 谨记 IPO 核心规则

如果你分析、总结过那些成功上市的公司的经验，应该就可以发现，上市准备阶段是非常重要的。在这个阶段，公司应该进行 IPO 预算，并与适合自己的中介机构合作。

14.1.1 进行 IPO 预算

上市的成本非常高，创业者必须对此有所准备，做好 IPO 预算。不是钱花得越多，上市的成功率就越高。如果钱花得不到位，即使付出了很高的成本，可能也很难成功上市。总体来说，上市过程中的有关收费项目及收费标准如表 14-1 所示。

表 14-1　上市过程中的有关收费项目及收费标准

上市过程	收费项目	收费标准
改制设立	财务顾问费	参照行业标准由双方协商确定
上市前辅导	辅导费	参照行业标准由双方协商确定
发行	承销费	参照行业标准由双方协商确定，一般为 800 万～1600 万元
	会计师费	参照行业标准由双方协商确定，一般为 80 万～150 万元
	律师费	参照行业标准由双方协商确定，一般为 70 万～120 万元
	评估费	参照行业标准由双方协商确定，一般为 10 万～50 万元
	路演费	参照行业标准由双方协商确定
上市及其他	保荐费	参照行业标准由双方协商确定，一般为 200 万～400 万元
	上市初费/年费	参照深圳证券交易所、上海证券交易所、北京证券交易所，以及境外各证券交易所的收费标准
	股票登记费	参照深圳证券交易所、上海证券交易所、北京证券交易所，以及境外各证券交易所的收费标准
	信息披露费	视实际情况而定
	印刷费	视实际情况而定
	差旅费	视实际情况而定

公司在境内上市的总成本一般为融资金额的 6%～8%。公司在中小板上市的成本稍低，大约是融资金额的 6%。

14.1.2　与中介机构保持密切合作

在上市阶段，中介机构是必不可少的，即证券公司、会计师事务所、律师事务所、资产评估公司等。公司只有听取中介机构的指导意见，才可以更顺利地上市。例如，对于中介机构发现的公司在经营和管理中存在的问题，公司应按照中介机构的意见进行整改，最终达到规范经营、加强管理的目的。

"听取中介机构的指导意见"看似简单，但很多公司都做不到。有些公司有问题也不整改，最终的结果是上市失败。

王先生是一家券商机构的工作人员，他曾经遇到一家这样的公司：公司计划上市，已经进入辅导期，然而在辅导的过程中，该公司的负责人不听取券商机构关于上市辅导规范的要求。例如，因为法律法规要求上市时必须避免同业竞争，减少关联交易，所以王先生告诉负责人应处置参股公司，减少关联方和关联交易。然而，该公司却坚持把关联交易做得很大。结果可想而知，该公司的上市申请没有通过。

中介机构的工作人员是负责上市业务的专业人员，对上市的规则和要求非常了解。因此，公司需要听取中介机构的指导意见，否则很容易导致上市失败。

14.2　盘点 IPO 不合规操作

一些公司为了成功上市，试图使用一些不正当的手段对不满足上市要求之处进行掩盖或修饰，这种做法无异于掩耳盗铃，而且一旦被证监会发现，不仅会上市失败，还会损害公司的名誉和品牌形象。

14.2.1　夸大项目的前景

夸大项目的前景通常有三种操作手法，包括收买中介机构制造假研报、虚报产品定价、虚报市场地位和市场需求。这些操作手法都会导致上市被否，公司需要警惕。

某水务公司曾经就因为夸大项目的前景而被证监会否决了上市申请。根据证监会的公示，该水务公司的项目投资额为 10.3 亿元，其中用于污水处理项目的费用是 8.7 亿元。但该水务公司的污水处理收入与自来水用水量、物价部门核定的污水处理单价有关，证监会认为该部分投入不能增加利润，甚至有可能导致收入下降，因此不允许该水务公司上市。

没多久，该水务公司再次申请上市，结果又失败了。吸取了前两次的失败教训，该水务公司对项目的前景进行了规范化和合法化处理，第三次上市申请终于通过，成功在上海证券交易所挂牌上市。

14.2.2 隐瞒重大内部问题

隐瞒重大内部问题，如控制混乱、管理不到位等也属于不合规操作，会影响上市进程。

2023 年，证监会因为某餐饮公司对加盟店的管理能力非常差而否决了其上市申请。2020—2023 年，该餐饮公司的加盟店难以正常盈利，收入减少了 3000 多万元。该餐饮公司表示，收入减少的原因是一些加盟店在经营的过程中没有使用既定的品牌战略，或者同时经营其他品牌。然而，证监会认为，该餐饮公司对加盟店的管理制度是否有效难以证实，因此其上市申请无法通过。

一些公司发生了非常严重的安全事故，导致数名员工死亡，却妄图通过瞒报信息获得上市资格。这种公司并不具备上市条件，其重大内部问题往往会被证监会核查出来，导致上市申请无法通过。

14.2.3 故意进行关联交易

如果公司存在关联交易，则也会影响上市进程。关联交易的操作手法主要有三种，如图 14-1 所示。

一	关联交易非关联化
二	隐蔽的非关联方利益输送
三	明显的关联方利益输送

图 14-1　关联交易的操作手法

（1）关联交易非关联化。这种操作手法通常比较隐蔽。具体来说，公司先把关联公司的股权转让出去，以营造一种非关联化的假象，再与获得股权的第三方进行隐蔽的大宗交易。这种操作手法可以增加公司的收入，提高公司的毛利率，并在一定程度上冲减大宗交易的费用。

证监会在对交易进行审核时，通常会重点关注交易价格。如果交易价格与公允价格相差较多，那么证监会就会认定公司存在关联交易非关联化的问题，从而否决其上市申请。

（2）隐蔽的非关联方利益输送。这是一种公司为了避免承担对关联交易进行披露的义务而采取的操作手法。隐蔽的非关联方利益输送主要包括供应商减价供应，经销商加价拿货、囤货，员工薪酬降低，股东通过非法业务为公司报销费用或虚增收入等。

上市前，公司会向供应商、经销商、员工、股东等非关联方承诺，一旦成功上市，就会对其进行利益补偿。为了获得回报，这些非关联方通常会达成一致意见，从而进行隐蔽的利益输送。在识别非关联方之间的利益输送问题时，如果公司的进货成本或销售价格不符合市场平均水平，证监会就会要求保荐机构及公司做出解释，如果公司存在明显的税务依赖问题，那么证监会也会否决其上市申请。

（3）明显的关联方利益输送。绝大多数公司管理者都知道关联交易是不合规的，也知道通过关联交易进行利益输送是无法通过证监会审查的。但一些公司管理者还是心存侥幸，试图通过关联方利益输送达到顺利上市的目的。例如，一些公司多次与关联方签订大额交易合同，或者以极低的价格购买关联方的专利等。这些都是非常明显的关联方利益输送行为，一旦证监会发现此类行为，就会否决公司的上市申请。

14.3　如何处理不合规操作

为了推动公司上市的合规化发展，促进资本市场的健康发展，相关部门严厉打击上市过程中的不合规操作，并对相关责任方进行惩罚，如给予公司风险警示、要求公司停牌、暂停或终止公司上市等。

14.3.1 给予公司风险警示

通常公司出现以下情形之一时，证券交易所会对其股票实施退市风险警示。

（1）最近两个会计年度经审计的净利润连续是负值。

（2）最近一个会计年度经审计的期末净资产是负值。

（3）最近一个会计年度经审计的营业收入低于 1000 万元。

（4）会计师事务所对公司最近一个会计年度的财务会计报告出具"无法表示意见"或"否定意见"的审计报告。

（5）因为财务会计报告中出现重大会计差错或虚假记载，被证监会责令改正但未在规定期限内改正，且股票已经停牌两个月。

（6）未在法定期限内披露年度报告或中期报告，且股票已经停牌两个月。

（7）股权分配不具备上市条件，公司需要在规定的一个月内向证券交易所提交解决股权分配问题的方案，并获得证券交易所的同意。

（8）出现欺诈发行、重大信息披露违法，或者其他危害国家安全、公共安全、生产安全和公众健康安全的重大违法行为。

（9）公司存在可能被依法强制解散的风险。

（10）法院依法受理公司重整、和解或破产清算申请。

（11）证券交易所认定的其他情形。

上述情形是证券交易所实施退市风险警示的主要情形。不同的证券交易所对此有不同的规定，创业者应详细了解，避免公司出现相关情形。

14.3.2　要求公司停牌

停牌是指由于某种原因，公司的股价连续上涨或下跌，证券交易所决定暂停其在股票市场上的交易。等到情况调查清楚或公司的经营恢复正常后，证券交易所会根据情况恢复被停牌的股票，这就是复牌。

停牌的原因有很多。例如，当公司需要公布重要信息，如年度报告、中期报告，或者需要召开股东会时，由于消息可能或已经对股票及其衍生品种的交易价格产生影响，因此公司可以向证券交易所申请对股票及其衍生品种做停牌处理。

另外，当公司进行重大资产重组时，可以根据相关规定向证券交易所申请停牌；当公司涉嫌违规被相关机构调查时，证券交易所有权对公司实施停牌。

停牌与复牌是证券交易所为了保护投资者的利益和市场信息披露的公平性，对公司的行为进行监管和约束而采取的必要措施。公司可以根据证券交易所的相关规定申请停牌与复牌，而证券交易所可以根据实际情况决定公司股票及其衍生品种的停牌与复牌。

14.3.3　暂停或终止公司上市

许多公司在经营的过程中可能遇到股票暂停上市、终止上市的情况。为了防止这种情况发生，或者在这种情况发生后可以及时恢复上市或重新上市，创业者必须学习相关知识。

1. 暂停上市

证券交易所对公司进行风险警示后，如果公司拒不改正，证券交易所就可以暂停公司的上市进程。通常来说，证券交易所要求公司暂停上市的常见情形主要有以下几种。

（1）最近两个会计年度的净利润连续是负值，证券交易所对其进行风险警示后，公司披露的首个会计年度的净利润依然是负值。

（2）最近一个会计年度的期末净资产是负值，证券交易所对其进行风险警示后，公司披露的首个会计年度的期末净资产依然是负值。

（3）最近一个会计年度的营业收入低于1000万元，或者被追溯重述后低于1000万元，证券交易所对其进行风险警示后，公司披露的首个会计年度的营业收入依然低于1000万元。

公司被暂停上市后，能否恢复上市通常由公司违反的上市规定决定。下面以上述所列举的暂停上市的情形为例，说明公司恢复上市需要满足什么条件。

（1）在法定期限内披露了最近一年的年度报告。

（2）最近一个会计年度经审计的扣除非经常性损益前后的净利润与期末净资产均为正值。

（3）最近一个会计年度经审计的营业收入不低于1000万元。

有的证券交易所对恢复上市的要求更细致，包括具备持续经营能力、具备健全的治理结构、无重大内控缺陷等。如果公司满足恢复上市的条件，就可以在披露年度报告后的5个交易日内，以书面的形式向证券交易所提出恢复上市的申请。

2. 终止上市

如果公司的净利润、期末净资产、营业收入或审计意见类型不符合暂停上市的规定，或者股票被暂停上市后，公司没有在法定期限内披露最近一年的年度报告，那么证券交易所有权对公司做出强制终止上市的处罚。

另外，有些公司会因为一些原因自己选择终止上市，包括：股东会决定主动撤回股票在证券交易所的交易；股东会决定解散公司；公司向所有股东发出回购全部股票或部分股票的要约，导致公司的股本总额、股权分配等发生变化，不再具备上市条件等。

终止上市后，公司想重新上市，需要满足很多条件，如股本总额不低于 5000 万元，近三年没有出现过重大违法行为，财务会计报告没有虚假记载，最近一个会计年度经审计的期末净资产是正值，近三年主营业务、董事、高级管理人员没有发生重大变化等。

需要注意的是，股票被强制终止上市后，如果公司不配合证券交易所完成退市的相关工作，那么证券交易所在短时间内不会再受理公司的重新上市申请。因此，公司在因为违反规定或条件不符而被终止上市后，一定要积极配合证券交易所完成退市的相关工作。

15 第 15 章
风险规避：把 IPO 细节做到位

很多创业者对上市过程中的风险不了解，以致在公司上市受阻时不知道是哪里出现了问题。本章总结了上市过程中的常见风险，以帮助创业者做好风险规避，顺利实现 IPO。

15.1 违法交易引发 IPO 风险

在我国，内幕交易、短线交易、敏感期交易都属于违法交易。这些违法交易不符合资本市场公开、公平、公正的原则，严重扰乱资本市场的正常秩序。如果不对这些违法交易进行限制和处罚，资本市场就会丧失优化资源配置及作为国民经济晴雨表的作用。因此，我国对这些违法交易严厉打击，决不姑息。

15.1.1 内幕交易

内幕交易是指内幕信息知情人违反法律法规，在内幕信息公开前，自己买卖证券或向他人泄露、售卖内幕信息，从而帮助他人买卖证券的行为。

无论是明示还是暗示，都属于泄露内幕信息。内幕交易违反了证券市场公开、公平、公正的原则，侵犯了广大投资者的知情权和财产权，是《证券法》明文禁止的行为。常见的内幕交易除了泄露内幕信息，还包括买卖证券、建议他人买卖证券等行为。

（1）买卖证券既包括内幕信息知情人为自己买卖证券，也包括以他人名义买卖证券或为他人买卖证券。其中，以他人名义买卖证券这一行为主要是根据资金来源和收益所得来认定的。如果内幕信息知情人向他人提供证券或购买证券的资金，且证券的利益或损失全部或部分由内幕信息知情人承担，或者其对该证券有管理、使用的权利，就属于以他人名义买卖证券。

（2）建议他人买卖证券是指内幕信息知情人向他人提出买卖证券的建议。在具体行为方面，建议方往往不会直接进行内幕交易，而是基于自己掌握的内幕信息，为他人的证券交易提供指导。

根据不同的情形和危害后果，内幕交易者需要承担不同的责任。

1．刑事责任

在刑事责任方面，主要有罚金和有期徒刑两种形式。

《中华人民共和国刑法》第一百八十条第一款、第二款规定："证券、期货交易内幕信息的知情人员或者非法获取证券、期货交易内幕信息的人员，在涉及证券的发行，证券、期货交易或者其他对证券、期货交易价格有重大影响的信息尚未公开前，买入或者卖出该证券，或者从事与该内幕信息有关的期货交易，或者泄露该信息，或者明示、暗示他人从事上述交易活动，情节严重的，处五年以下有期徒刑或者拘役，并处或者单处违法所得一倍以上五倍以下罚金；情节特别严重的，处五年以上十年以下有期徒刑，并处违法所得一倍以上五倍以下罚金。

"单位犯前款罪的，对单位判处罚金，并对其直接负责的主管人员和其他直接责任人员，处五年以下有期徒刑或者拘役。"

2. 行政责任

《证券法》第二百二十一条规定："违反法律、行政法规或者国务院证券监督管理机构的有关规定，情节严重的，国务院证券监督管理机构可以对有关责任人员采取证券市场禁入的措施。

"前款所称证券市场禁入，是指在一定期限内直至终身不得从事证券业务、证券服务业务，不得担任证券发行人的董事、监事、高级管理人员，或者一定期限内不得在证券交易所、国务院批准的其他全国性证券交易场所交易证券的制度。"

被认定为市场禁入者的人员，将在一定时期内，甚至永久性地受到限制。

3. 民事责任

《证券法》第五十三条第三款规定："内幕交易行为给投资者造成损失的，应当依法承担赔偿责任。"在民事责任上，《证券法》取消了追究民事责任的原则性规定，规定了在对投资者造成损失的情况下必须承担民事赔偿责任。

15.1.2 短线交易

短线交易是指上市公司的董事、监事、高级管理人员、大股东等主体，在法定时间内买进公司股票再卖出或卖出公司股票又买入，以获取不正当利益的行为。我国对这种行为有严格的限制，主要包括时间限制和对象限制。

《证券法》第四十四条第一款规定："上市公司、股票在国务院批准的其他全国性证券交易场所交易的公司持有百分之五以上股份的股东、董事、监事、高级管理人员，将其持有的该公司的股票或者其他具有股权性质的证券在买入后六个月内卖出，或者在卖出后六个月内又买入，由此所得收益归该公司所有，公司董事会应当收回其所得收益。但是，证券公司因购入包销售后剩余股票而持有百分之五以上股份，以及有国务院证券监督管理机构规定的其他情形的除外。"

《证券法》第六十三条第一款规定："通过证券交易所的证券交易，投资者持有或者通过协议、其他安排与他人共同持有一个上市公司已发行的有表决权股份达到百分之五时，应当在该事实发生之日起三日内，向国务院证券监督管理机构、证券交易所作出书面报告，通知该上市公司，并予公告，在上述期限内不得再行买卖该上市公司的股票，但国务院证券监督管理机构规定的情形除外。"

对于短线交易的时间限制和对象限制，创业者要熟知，否则很可能在实践的过程中对公司造成不良影响，拖慢公司的上市进程。

15.1.3　敏感期交易

敏感期交易是指公司的控股股东、实际控制人、董事、监事、高级管理人员等主体，在敏感信息披露前后的一定时间内买卖公司股票的行为。由于敏感期通常又被称为"窗口期"，因此敏感期交易也被称为"窗口期交易"。

想要避免敏感期交易，创业者需要了解以下三项内容。

1．时间范围

敏感期通常是指下列时期（因为适用对象、证券交易所、板块等不同，略有不同）。

（1）公司定期报告公告前 30 日内。

（2）公司业绩预告、业绩快报公告前 10 日内。

（3）从可能对股票及其衍生品种的价格产生较大影响的重大事件发生之日或进入决策程序之日，至依法披露后 2 个交易日。

2．限制适用对象

敏感期交易限制的适用对象通常为上市公司的控股股东、实际控制人、董事、监事、高级管理人员，而且公司通过集中竞价交易回购自己的股票时，也应该遵守敏感期交易限制。

3．豁免情形（救市政策）

豁免情形（救市政策）会随着适用对象的不同而有些许变化。下面以董事、监事、高级管理人员为例，说明敏感期交易的豁免情形（救市政策）。根据中国证监会的相关规定，在同时符合下列条件的情况下，董事、监事、高级管理人员可以不适用敏感期交易限制。

（1）股票价格连续10个交易日累计跌幅超过30%。

（2）增持公司的股票。

（3）承诺未来6个月内不减持公司的股票。

15.2 遵守 IPO 监管机制

公司想要上市，就必须遵守 IPO 监管机制。我国的 IPO 监管机制有四类，包括内部监管机制、审计监管机制、债权人监管机制、政府监管机制。

15.2.1 内部监管机制

在内部监管机制的要求下，董事会、股东会、监事会必须遵守公司的各项规章制度。与此同时，内部监管机制还规定董事会、股东会、监事会的成员提名与选举，以此来规范和约束其行为，使其发挥更大的作用，从而促进公司的健康发展。

1. 董事会

董事会主要由独立董事与执行董事构成。其中，独立董事有重要的监管功能，可以使内部监管机制进一步完善。从监管实践出发，公司可以从以下三个方面强化独立董事的作用。

（1）确保独立董事的知情权。公司需要从程序和内容上保证独立董事知晓公司章程和专项规定。同时，独立董事要以身作则，充分发挥带头作用。

（2）独立董事可以参与重大事项决策。那些需要独立董事发表独立意见的重大事项，公司必须详细地记录并予以公开。

（3）独立董事必须在董事会中发挥作用，即建立审计委员会、薪酬委员会、风险控制委员会等，让这些部门相互制衡，以此达到监管的目的。

除了独立董事，执行董事的内部义务也需要明确。首先，执行董事应诚信对待每一位股东、独立董事和外部董事；其次，执行董事应确保内部重大决策真实、准确、及时地传达给相关人员；最后，执行董事应建立完善的内部监管程序，主动履行职责。

一些公司中还存在外部董事，外部董事大多由大股东或实际控制人指派，可以保护大股东或实际控制人的利益。公司要对外部董事的数量进行控制。在行为上，公司要让外部董事明确自己的责任和义务，同时要强化其诚信意识，促使其按照规定工作。

2. 股东会

股东会是公司的决策机构，是上市公司必须具备的机构之一。为了充分保护股东的利益，《公司法》第五十九条第一款、第二款明确规定了股东会的职权：

股东会行使下列职权：

（一）选举和更换董事、监事，决定有关董事、监事的报酬事项；

（二）审议批准董事会的报告；

（三）审议批准监事会的报告；

（四）审议批准公司的利润分配方案和弥补亏损方案；

（五）对公司增加或者减少注册资本作出决议；

（六）对发行公司债券作出决议；

（七）对公司合并、分立、解散、清算或者变更公司形式作出决议；

（八）修改公司章程；

（九）公司章程规定的其他职权。

股东会可以授权董事会对发行公司债券作出决议。

3. 监事会

由于很多股东会主动放弃监督权利，因此公司的实权往往落入董事手中。这样，董事、经理就有可能合谋，对股东、公司产生不利影响。为此，需要设立监事会，对董事、经理进行监督与约束。

但因为信息的缺失和监事会成员专业知识的缺乏，公司很有可能无法得到有效监督。而且，监事会成员与董事会成员长期共处，容易形成同谋，损害公司的利益。在这种情况下，监事会的监督通常是没有效力的，其成员一般不参与公司的重大决策。

15.2.2 审计监管机制

审计监管机制是防止内部人员转移财产或会计作弊的一种手段。在内部落实该机制需要注意以下两个重点。

（1）保证审计机构的作用可以得到充分发挥。监管机构要大力支持审计机构的独立审计功能，使其在证券市场上发挥更大的作用。

（2）对价值评估机构的行为进行监督。价值评估机构作为证券市场上的关键机构，在我国有重要地位。监管机构要让价值评估机构发挥功能，同时也要监督其行为，明确其享有的权利和应承担的义务。

15.2.3 债权人监管机制

债权人监管机制是为了防止出现内部人员合伙或以其他方式损害债权人利益而设立的一种机制。债权人有对涉及财产变动（如合并、分立、减资）的重大行为提出异议的权利。在重大行为不符合相关规定的情况下，公司不得实施相关行为。对公司已经实施的行为，债权人有权提起诉讼，请求法院予以撤销。

债权人可以翻看董事会的记录材料，查阅公司的财务报表及附属资料，而且有权要求公司及时、准确地提供其需要的信息。如果公司严重亏损或资产不能抵偿债务，则债权人有权提出申请破产或破产保护。

15.2.4 政府监管机制

在政府的指导和监督下，公司需要明确什么事可以做、什么事不可以做，从而保证合法、合规经营。

政府要监督证券市场，包括证券交易所、经营机构、从业人员、管理人员的资格、信息披露、交易行为等。政府还要对与公司有关联的中介机构，如会计师事务所、律师事务所、资产评估公司等进行监督，规范其行为，并确保中介机构对公司进行有效的约束。

15.3 哪些风险会导致 IPO 失败

上市过程中存在一些风险，公司应该警惕这些风险，否则很可能无法成功上市。具体来说，被举报、财务指标不正常、过度依赖第三方、缺少内控能力、核心人员的稳定性过差等都有可能导致公司上市失败。

15.3.1 被举报，影响上市进程

对上市没有充分重视，在上市过程中不注意维护各方关系，就有可能被竞争对手或员工举报，最终影响公司的上市进程。

例如，有些公司因为与竞争对手恶意竞争，树立了非常多的敌人，在申请上市时，就可能遭到竞争对手的举报或起诉。还有一些公司没有实施股权激励计划或股权激励计划引发了员工内部矛盾，就容易遭到员工的举报。

对于竞争对手的举报，防范方法就是合法、合规经营，让竞争对手找不出漏洞。但对于员工的举报，公司往往难以防范。而且因为员工了解公司的经营情况，因此一旦激发矛盾，就很有可能导致公司的上市进程受阻。

在日常经营中，难免会发生纠纷，这些纠纷是否会影响公司的上市进程，关键在于公司如何处理。因此，公司在平时遇到问题时，应该及时化解矛盾，不要让矛盾积攒到上市关键期集中爆发。

15.3.2 财务指标不正常

证监会对公司的持续盈利能力这一条件有所放宽，但很多公司依然因为这一问题

导致上市被否。财务指标是公司披露的基础性信息，必须真实、准确、完整。

近年来，因为销售毛利率异常、经营活动净现金流与净利润差异明显导致上市被否的公司非常多。例如，某家公司上市被否，证监会给出的理由为："你公司 2021 年、2022 年净利润合计为 48 865 万元，而同期经营活动净现金流合计仅为 28 万元，你公司的经营活动净现金流与净利润存在明显差异；同时，你公司报告期的存货周转率逐年下降，毛利率逐年上升，你公司在申报材料中的分析不足以充分说明上述现象的合理性。"

另一家公司上市被否的原因为："创业板发行审核委员会在审核中关注到，你公司存在以下情形：2022 年，你公司的硬件产品销售收入分别为 863.52 万元、3685.7 万元和 6493.5 万元，占营业收入的比例分别为 27.1%、35.6%和 62.3%，销售毛利率分别为-12.3%、6.53%和 32.14%。你公司对报告期内硬件产品销售毛利率大幅上涨的原因及其对财务报表的影响未能做出合理解释。"

这两家公司肯定知道自己财务指标异常的原因，但抱着侥幸心理申请上市，以为可以逃过证监会的"法眼"。殊不知，这一行为其实是"自投罗网"。因此，公司一定要遵守法律法规，在不满足上市条件的情况下不要急于上市。

15.3.3　过度依赖第三方，难以独立经营

能否独立经营是影响公司持续盈利能力的核心因素之一，因此证监会将公司的经营独立性作为审查重点。公司需要与控股股东、实际控制人及其控制的其他公司保持资产、人员、财务、机构和业务的独立。

独立性问题一般分为两种：一是对内独立性不足，二是对外独立性不足。对内独立性不足指的是公司依赖独立股东，出现资金占有、公司治理结构不健康、同业竞争等问题；对外独立性不足指的是公司依赖其他公司，如公司在商标、技术等方面依赖

其他公司。

如果公司严重依赖其他公司，就会处于被动地位，难以实现持续盈利，上市自然会被否。

15.3.4 缺少内控能力

内控能力差往往是因为缺少内控机制。内控机制指的是管理层制定的对内部人员从事业务活动进行风控管理的一套政策、制度、措施和方法。

建设内控体系成为公司上市的必经之路。因为内控问题上市被否的案例非常多，湖北有一家公司就因为内控问题上市被否。对于否决该公司的上市申请，证监会给出的理由如下。

"发行审核委员会在审核中关注到，你公司未能对下列事项的合理性提供充分可靠证据。

"一、2020 年、2021 年和 2022 年成套设备中的单机均价分别是单独单机均价的 1.56 倍、2.37 倍和 3.61 倍，成套设备毛利率高于单机产品毛利率。

"二、对于需要交付并投入运营的成套设备，在该成套设备中的各批次单机设备单独签字确认验收后，即确认该单机的营业收入。

"上述事项说明你公司的内部控制（会计控制）机制存在缺陷，不能合理保证财务报告的可靠性，不符合《首次公开发行股票注册管理办法》的有关规定。"

那么，公司应该如何建设内控体系，防止因为内控机制薄弱而上市被否呢？建设内控体系的重点如图 15-1 所示。

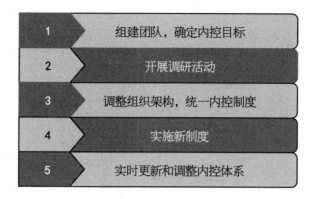

图 15-1　建设内控体系的重点

1．组建团队，确定内控目标

内控体系建设是公司的重点工程，应该由创始人或有权威的高级管理人员担任内控小组的组长，由各部门负责人担任执行小组的组长。内控目标需要结合公司的发展目标制定。

2．开展调研活动

内控小组可以采取访谈、测试、召开座谈会等方式了解业务管理、制度流程的执行情况，同时对照相关规定了解公司在内控方面存在的缺陷，并形成记录。

3．调整组织架构，统一内控制度

调研完成后，内控小组要梳理公司当前的组织架构、业务流程，明确各部门及各岗位的职责，按照上市规范调整组织架构。

另外，内控小组应该指导各部门完善现有制度，并对各部门提交的制度进行审核、汇总，形成统一的内控制度，报高层领导审批后下发实施。

4．实施新制度

出台新制度后，做好相关的培训、宣传及动员工作很重要，同时应该通过奖惩机制推动新制度的执行。

5. 实时更新和调整内控体系

在不同的发展阶段，公司面临的风险会有所变化。因此，公司需要将内控体系建设当成一项长期工作，实时更新和调整内控体系。

为了尽快成功上市，不让内控问题影响上市进程，公司应该从一开始就做好内控工作。

15.3.5　核心人员的稳定性过差

公司申请上市往往需要满足一个条件：近三年，董事、高级管理人员等核心人员没有发生重大变化，实际控制人也没有发生变更。然而，有些公司在申请上市时，频繁变动董事、高级管理人员。

北京有一家公司就是因为核心人员发生变化而上市被否，对此，证监会给出的理由如下。

"发行审核委员会在审核中关注到，你公司存在以下情形：2020 年 11 月前，董事会由 6 人组成，后经过 3 次调整增加至 9 人，除 3 名独立董事外，到 2023 年 11 月，董事会仅张×、刘×二人没有发生变化。而且，申请材料及现场陈述中并未对上述董事变化情况及该情况对经营决策的影响做出充分、合理的解释。因此，发行审核委员会认为，上述情形与《首次公开发行股票注册管理办法》的规定不符，你公司的上市申请无法通过。"

关于董事、高级管理人员发生重大变化的认定，证监会没有给出具体的参考标准。但证监会在审核董事、高级管理人员的重大变化时通常关注两个方面：一是变化的原因，二是发生变化的具体岗位与股东和实际控制人的关系。如果创始人变动，即便只是一个人，也会被视为重大变化。

当然，对前期治理不规范的公司来说，如果出现增加董事、独立董事、财务总监、董秘等情况，通常不会被认定为核心人员发生重大变化。

在实际操作中，关于重大变化的认定通常使用"1/3"标准，即报告期内，只要截至报告期末董事、高级管理人员的变化人数达到报告期初董事、高级管理人员人数基数的 1/3，就认为发生了重大变化。但如果各种变化对核心人员没有影响，则不属于重大变化。

另外，公司根据公司章程正常换届，或者新聘高级管理人员造成 1/3 以上的核心人员发生变化，也不属于重大变化。但需要运行一年，而且当年公司的经营业绩未发生重大不利变化。因此，关于重大变化的实质判断，公司兼顾"1/3"标准。

16 第16章

上市后管理：让公司持续发展

加强上市后管理是公司提高市场价值、吸引外部资本、实现可持续发展的重要条件之一。在上市后管理中，信息披露、年度报告解读与分析、内部管理体系完善是必不可少的工作。另外，公司还应该有再融资战略，毕竟一轮融资是远远不够的。只有让资本流动起来，整个资本市场才能更有活力。

16.1 信息披露的内容与要求

已经上市的公司需要进行信息披露。信息披露可以保证信息的透明度，提高公司的社会信誉，为投资者是否投资公司提供决策依据。创业者应该了解公司要披露哪些信息，掌握信息披露的方法和技巧。

16.1.1 公司要披露哪些信息

信息披露的基本内容包括：业绩快报，即对上一会计年度同期相关数据的整理和汇报；定期报告，即年度报告、中期报告；业绩预告，要注意时间限制，必须在规定的时间内进行披露；临时报告，即对有较大影响的重大事件进行报告。

1．业绩快报：上一会计年度同期相关数据

根据证监会在信息披露方面的规定，业绩快报适用于预计不能在会计年度结束之日起两个月内披露年度报告的精选层挂牌公司，以及在定期报告披露前出现业绩泄露或业绩传闻，且股票及其衍生品种出现交易异常的所有挂牌公司。

2．定期报告：年度报告、中期报告

定期报告包括年度报告、中期报告。《证券法》第七十九条规定：

上市公司、公司债券上市交易的公司、股票在国务院批准的其他全国性证券交易场所交易的公司，应当按照国务院证券监督管理机构和证券交易场所规定的内容和格式编制定期报告，并按照以下规定报送和公告：

（一）在每一会计年度结束之日起四个月内，报送并公告年度报告，其中的年度财务会计报告应当经符合本法规定的会计师事务所审计；

（二）在每一会计年度的上半年结束之日起二个月内，报送并公告中期报告。

3．业绩预告：有时间限制

根据证监会在信息披露方面的规定，业绩预告适用于在年度报告正式披露前，预估上一会计年度净利润发生重大变化的精选层挂牌公司。这里所说的"重大变化"包括年度净利润同比变动超过 50%且大于 500 万元、发生亏损或由亏损变为盈利等。

对于业绩预告的披露，上海证券交易所还提出了时间限制，即公司预计年度经营业绩将出现下列情形之一的，应当在会计年度结束后一个月内进行业绩预告，预计中期和第三季度业绩将出现下列情形之一的，也可以进行业绩预告：净利润为负值、净利润与上年同期相比上升或下降 50%以上、实现扭亏为盈。

4．临时报告：有较大影响的重大事件

《证券法》第八十条规定：

发生可能对上市公司、股票在国务院批准的其他全国性证券交易场所交易的公司的股票交易价格产生较大影响的重大事件，投资者尚未得知时，公司应当立即将有关该重大事件的情况向国务院证券监督管理机构和证券交易场所报送临时报告，并予公告，说明事件的起因、目前的状态和可能产生的法律后果。

前款所称重大事件包括：

（一）公司的经营方针和经营范围的重大变化；

（二）公司的重大投资行为，公司在一年内购买、出售重大资产超过公司资产总额百分之三十，或者公司营业用主要资产的抵押、质押、出售或者报废一次超过该资产的百分之三十；

（三）公司订立重要合同、提供重大担保或者从事关联交易，可能对公司的资产、负债、权益和经营成果产生重要影响；

（四）公司发生重大债务和未能清偿到期重大债务的违约情况；

（五）公司发生重大亏损或者重大损失；

（六）公司生产经营的外部条件发生的重大变化；

（七）公司的董事、三分之一以上监事或者经理发生变动，董事长或者经理无法履行职责；

（八）持有公司百分之五以上股份的股东或者实际控制人持有股份或者控制公司的情况发生较大变化，公司的实际控制人及其控制的其他企业从事与公司相同或者相似业务的情况发生较大变化；

（九）公司分配股利、增资的计划，公司股权结构的重要变化，公司减资、合并、分立、解散及申请破产的决定，或者依法进入破产程序、被责令关闭；

（十）涉及公司的重大诉讼、仲裁，股东大会、董事会决议被依法撤销或者宣告无效；

（十一）公司涉嫌犯罪被依法立案调查，公司的控股股东、实际控制人、董事、监事、高级管理人员涉嫌犯罪被依法采取强制措施；

（十二）国务院证券监督管理机构规定的其他事项。

公司的控股股东或者实际控制人对重大事件的发生、进展产生较大影响的，应当及时将其知悉的有关情况书面告知公司，并配合公司履行信息披露义务。

任何一家公司都应该按照规定及时、全面、真实地进行信息披露，增强信息的透明度，提高自己的社会信誉。

16.1.2　如何做好信息披露

公司进行信息披露，必须遵守信息披露的五大要求。

1．真实性：拒绝虚假记载和不实陈述

真实性是指公司及相关信息披露义务人披露的信息应该以客观事实或具有事实基础的判断和意见为依据。披露的信息必须如实反映客观情况，不能出现虚假记载和不实陈述。《证券法》第七十八条第二款明确要求："信息披露义务人披露的信息，应当真实、准确、完整，简明清晰，通俗易懂，不得有虚假记载、误导性陈述或者重大遗漏。"

2．准确性：不得夸大和误导

准确性是指公司及相关信息披露义务人披露的信息应该使用明确、贴切的语言，确保简明扼要、通俗易懂。另外，披露的信息中不能有任何宣传、恭维或夸大等性质的词句。披露预测性信息及其他涉及公司未来经营和财务情况的信息，更要合理、谨慎、客观。

3. 完整性：文件齐备，格式符合规定

完整性是指公司及相关信息披露义务人披露的信息应该内容完整、文件齐备，信息披露的格式也必须符合要求。另外，在完整性的要求下，公司披露的信息必须正确反映经济活动的实际情况或发展趋势。

4. 及时性：不得超过规定的期限

及时性是指公司及相关信息披露义务人必须在规定的期限内披露所有会对股票及其衍生品种产生影响的信息。当之前披露的信息发生实质性变化时，公司应该及时更改和补充，保证投资者在第一时间获得真实、有效的信息。

5. 公平性：不得偏袒特定对象

公平性是指公司及相关信息披露义务人必须向所有投资者公开披露信息，以保证所有投资者都可以平等地获取信息。如果公司私下提前向特定的投资者单独披露信息，或者泄露一些重要的信息，则要受到相应的处罚。

16.2 年度报告的解读与分析

年度报告是上市公司一年一度的重要总结，详细披露了公司在经营、投资、融资和内控等方面的情况，同时对公司未来的发展进行了前瞻性的规划。年度报告是公司与股东之间沟通的重要桥梁，股东通过年度报告可以了解公司的经营情况，如财务情况、风险管理等，从而更好地参与公司的决策和管理。此外，股东还可以通过年度报告了解公司的治理结构和内控体系，确保自身权益得到充分保障。

公司应对年度报告给予足够的重视，确保年度报告的编制和披露工作得以顺利进行，为投资者和股东提供准确、及时的信息，同时为公司未来的发展奠定坚实的基础。

16.2.1　关键点：要素+披露规则

年度报告是上市公司每年发布的定期刊物，是投资者与社会公众了解公司经营情况的重要途径。根据规定，年度报告中必须包含公司的年度财务报表，包括资产负债表、现金流量表和损益表。这些报表反映了公司的经营情况、资产负债和收入情况，就如同公司的体检报告，能够让外界了解其健康情况。

《上市公司信息披露管理办法》第十二条第一款对年度报告的披露有明确的规定："上市公司应当披露的定期报告包括年度报告、中期报告。凡是对投资者作出价值判断和投资决策有重大影响的信息，均应当披露。"

《上市公司信息披露管理办法》第十四条对年度报告的内容进行规定：

年度报告应当记载以下内容：

（一）公司基本情况；

（二）主要会计数据和财务指标；

（三）公司股票、债券发行及变动情况，报告期末股票、债券总额、股东总数，公司前十大股东持股情况；

（四）持股百分之五以上股东、控股股东及实际控制人情况；

（五）董事、监事、高级管理人员的任职情况、持股变动情况、年度报酬情况；

（六）董事会报告；

（七）管理层讨论与分析；

（八）报告期内重大事件及对公司的影响；

（九）财务会计报告和审计报告全文；

（十）中国证监会规定的其他事项。

此外,《上市公司信息披露管理办法》还规定,年度报告应当在每个会计年度结束之日起四个月内编制完成并披露,且应经上市公司董事会审议通过,否则不得披露。

上市公司应了解以上内容,确保年度报告披露合法、合规,充分保障各方的权益。

16.2.2　年度报告之财务报表

资产负债表、现金流量表和损益表是公司的三大核心财务报表。

1．资产负债表

资产负债表是反映公司在某一特定日期的资产、负债和所有者权益情况的财务报表。"资产=负债+所有者权益"是其基本结构。无论公司是亏损还是盈利,这一等式始终成立。

资产反映的是公司拥有的资源,负债和所有者权益反映的是公司内部不同权利人对这些资源的要求。债权人享有公司全部资源的要求权,公司以全部资产对不同债权人承担偿付责任。偿清负债之后,剩余的资产是所有者权益,即公司的净资产。

资产负债表揭示了公司资产配置状况、负债及所有者权益的构成。深入分析这些数据,有助于评估公司的资金运营效率、财务结构的稳健性、风险承受能力及整体的经营绩效。

2．现金流量表

现金流量表是反映一定时期内(如月度、季度、年度)公司经营活动、投资活动和筹资活动对其现金及现金等价物所产生影响的财务报表。

在市场经济环境下,现金流充裕与否直接影响着公司的生存和发展。即便公司盈利能力好,如果现金流断裂,也会对生产经营产生重大影响,甚至导致公司倒闭。因此，公司应充分重视现金流，建立健全的现金流管理体系，做好现金流管理，提高现金流预测的准确性和及时性。

通过现金流量表可以计算出八大比率，下面是这八大比率的计算方法。

（1）自身创造现金能力的比率=经营活动的现金流量/现金流量总额

（2）偿付全部债务能力的比率=经营活动的净现金流量/债务总额

（3）短期偿债能力的比率=经营活动的净现金流量/流动负债

（4）每股流通股的现金流量比率=经营活动的净现金流量/流通在外的普通股数

（5）支付现金股利的比率=经营活动的净现金流量/现金股利

（6）现金流量资本支出的比率=经营活动的净现金流量/资本支出总额

（7）现金流入对现金流出的比率=经营活动的现金流入总额/经营活动的现金流出总额

（8）净现金流量偏离标准的比率=经营活动的净现金流量/（净收益+折旧或摊销额）

审计人员对现金流量表的审查具有深远的意义，不仅有助于公司准确评估自身的支付能力、偿债能力和盈利能力，而且能够通过分析各项现金流的分布和变化，发现公司在各类经济活动中存在的问题，进而为公司提供及时的指导和改正措施。

3. 损益表

损益表又称利润表，是反映公司收入、成本、费用、税收情况的财务报表，展现了公司利润的构成和实现过程。公司内外部相关利益者主要通过损益表了解公司的经营业绩，预测公司未来的利润情况。另外，损益表为公司分配利润和评估管理水平提供了重要的依据。

在审查损益表时，审计人员须特别关注以下五个方面。

（1）数据的完整性。详细审查损益表内的每个项目，确保所有数据都已完整填列，不存在任何遗漏或错误。对于数据之间的钩稽关系，须逐一核对，确保准确无误。

（2）附表的关联性。审查损益表与其他相关附表之间的关联性，确保产品销售收入、产品销售成本、产品销售费用和各项税金及附加的本年发生数等数据与附表中的数据一致。同时，确保损益表中的净利润与利润分配表中的数据一致。

（3）明细账与总账的一致性。核对损益表中各项目在明细账与总账中的数据，确保两者一致。如果发现数据存在异常变化，则须深入调查，进一步核查疑点。

（4）原始凭证的准确性。结合公司的原始凭证，核查成本费用、销售收入、利润分配等各项数据的准确性。

（5）纳税调整的合规性。对公司所得税进行审查，结合明细账和原始凭证详细核查各扣除项目。特别注意是否存在多列扣除项目或扣除金额超过标准的情况，确保公司纳税调整的合规性。

某公司 2023 年取得了辉煌的业绩，营业收入高达 385 256 702.4 万元，相较于 2022 年实现了显著的增长。通过对该公司的资产负债表进行分析，公司的管理者得出了以下结论。

（1）公司的资产增长显著，同比增长 37.7%。这一增长主要由固定资产的增加所驱动，总额达到 15 523 563 元。

在流动资产方面，存货资产的增长率最高，达到 38.45%。然而，货币性资产的增长幅度相对较小，这可能意味着公司在应对市场变化时的灵活性有所降低。此外，信用资产的增长率超过流动资产的整体增长率，表明公司在贷款回收方面面临挑战，可能受到第三方的制约。因此，公司应加强贷款回收管理。

存货资产的增长在流动资产中最为显著，表明公司的存货过多，市场风险较大，因此公司需要更加重视存货管理。总体来说，公司的支付能力及应对市场变化的能力处于中等偏下水平。

（2）在负债方面，流动负债率为 1.56%，表明公司的短期偿债能力较强。长期负债与所有者权益的比率为 0.063%，表明公司的资金结构相对健康。

此外，公司的长期负债在结构性负债中的占比为 11.75%，同期下降了 11%，表明公司的盈余公积比例有所提高，显示出公司增强经营实力的意愿；未分配利润在结构性负债中的占比也有所提高，表明公司的筹资能力增强。总体而言，公司的长短期融资活动与 2022 年相比有所减少，更多地依赖所有者权益资金作为其主要经营活动的资金来源，因此资金成本较低。

16.2.3　年度报告之会计报表

会计报表是全面反映一定时期内公司资产、负债、所有者权益、经营成果、利润分配情况、现金流入、现金流出及净增加情况的书面文件。它不仅包括主表，如资产负债表、现金流量表和损益表，还包括一系列相关的附表，如资产减值准备明细表、利润分配表等。这些附表作为主表的补充，提供了更详细的信息，使报表使用者可以从不同的角度了解公司的财务情况、经营成果和现金流量。

根据《企业会计准则》的相关规定，如果公司对外投资占被投资公司资本金总额半数以上，或者实质上拥有被投资公司的控制权，则需要编制合并会计报表。如果一些特殊行业的公司不适宜合并，则可以不进行合并，但需要将其会计报表一并报送。

合并会计报表是指反映母公司与其全部子公司的整体财务情况、经营成果和现金流量的报表。在编制这些报表时，母公司需要将符合一定条件的子公司纳入合并范围，具体如下。

（1）母公司拥有其半数以上权益性资本的被投资公司，包含直接（母公司拥有被投资公司半数以上权益性资本）、间接（子公司拥有被投资公司半数以上权益性资本）、直接与间接（母公司与子公司共同拥有被投资公司半数以上权益性资本）等方式。

（2）母公司与被投资公司之间有下列情形之一的，可将该被投资公司视为母公司的子公司，并纳入合并范围。

一是通过与该被投资公司的投资者签订协议，从而持有该被投资公司半数以上表决权。

二是依据章程或协议，有权控制该被投资公司的财务和经营政策。

三是有权任免董事会等权力机构的多数成员。

四是在董事会或权力机构会议上有半数以上投票权。

母公司在编制合并会计报表时，下列子公司不包含在合并会计报表的范围之内。

（1）已关停并转的子公司。

（2）已宣告被清理整顿的子公司。

（3）已宣告破产的子公司。

（4）计划近期出售而短期持有其半数以上权益性资本的子公司。

（5）非持续经营的所有者权益为负值的子公司。

（6）受所在国外汇管制，资金调度受到限制的境外子公司。

例如，外贸公司 A 的主营业务为服装出口，但因宏观政策调整，公司的效益不佳。为了改变现状，A 公司决定进军汽车行业，注资 1 亿元与另一家公司合伙成立了 B 公司，主营汽车配件。A 公司持有 B 公司 30%的股权，虽然不是控股股东，但拥有一定的决策权。

值得注意的是，A 公司并未直接持有 B 公司的股权，而是通过其控股的 C 公司的全资子公司 D 公司间接持有 B 公司的股权。由于 A 公司对 C 公司具有实质的控制权，因此 C 公司和 D 公司实际上都是 A 公司的子公司。

但在年末财务决算时，A 公司并未将 C 公司的报表合并入自己的报表中，而是将其作为长期股权投资，而 C 公司也未将 D 公司纳入合并范围。也就是说，C 公司对 D 公司、D 公司对 B 公司的持股均被视为长期股权投资。

根据《企业会计准则》的相关规定，A 公司在年末合并会计报表时，应进行以下处理。

（1）A 公司应将 C 公司纳入合并范围，以全面反映其财务情况、经营成果和现金流量。

（2）C 公司应将 D 公司纳入合并范围，因为 D 公司是 C 公司的全资子公司，应视为 C 公司的组成部分。

通过正确处理上述关系，可以确保会计报表的准确性和完整性，为利益相关者提供关于公司财务情况、经营成果和现金流量的可靠信息。

16.2.4　年度报告之审计报告

审计报告是审计人员对公司财务进行详尽审查后所撰写的专业报告，旨在反映公司的经营现状，揭示存在的问题，并提供针对性的建议。以下是撰写审计报告应注意的五个要点。

1. 条理清晰

审计报告的内容应按照一定的逻辑顺序进行组织，通常先描述审计目的和范围，再详细列出审计结果，包括发现的问题、分析的数据和得出的结论。结论部分应针对问题提出具体、可行的解决方案。

2. 简洁明了

审计报告应以简洁明了的语言撰写，避免使用过多的专业术语，可以使用图表直观地展示数据和结果，使报告更易于理解和分析。

3. 详尽分析

审计报告应以事实为依据，通过详尽的数据分析来支持结论。在撰写审计报告时，应当遵循以下原则。

首先，用数据驱动决策。审计报告应基于具体、翔实的数据来阐述问题，避免主观臆测。通过明确指出审查的项目、发现的问题数据和误差金额，可以确保报告的结论更加精确，更有说服力。

其次，从宏观视角分析。审计报告的分析不应仅局限于公司内部，而应将数据放在更广泛的背景中进行分析。例如，可以将公司的财务数据与全市、全省，甚至全国的行业数据进行对比，或者将市场信息与网络数据进行对比。这种更全面、更深入的分析方式能够更准确地揭示情况，特别是在价格数据变动方面。

最后，深入挖掘原因。审计的最终目的是解决问题，而要解决问题，就要先找到问题产生的原因。审计人员需要深入挖掘数据背后的原因，对问题进行合理的解释，从而为决策者提供有针对性的建议和解决方案。

4. 合理归类

在撰写审计报告时，应将问题按照一定的逻辑顺序进行分类，避免交叉罗列、杂乱无章。合理归类有助于阅读者更好地理解问题的要点，从而更有效地采取措施解决问题。

5. 建议可行

审计报告的建议应具有针对性和可行性，提出的建议应与问题相对应，给出具体的方案和实施方法。此外，应避免提出过于抽象或无法操作的建议，如"建议加强财务管理"，而应提出具体、可执行的改进措施，如"建议对特定部门进行内部审计，加强财务监控"。

以下是某股份有限公司的审计报告示例。

审计报告

审计目的：对公司的财务情况进行审计，评估其财务报表的准确性和可靠性。

审计范围：公司的财务报表、会计记录及相关文件。

审计结果：在审查的过程中，我们发现了一些问题，包括财务报表存在误差、存在不合规的会计操作等，具体问题如下。

（1）财务报表存在误差。在审查的过程中，我们发现财务报表中的某些数据与实际记录存在不一致的情况。

（2）存在不合规的会计操作。在审查的过程中，我们发现公司中存在一些不合规的会计操作，如提前确认收入、未及时记录支出等。

针对上述问题，我们提出以下建议。

（1）对财务报表进行重新审核和调整，确保数据的准确性和一致性。

（2）对不合规的会计操作进行整改，加强内部控制和财务管理。

（3）对财务人员进行培训和指导，提高其专业素质，增强其合规意识。

结论：本次审计表明，公司存在财务报表误差和不规范操作等问题。我们建议公司采取有效措施进行整改，加强内部控制和财务管理，确保财务报表的准确性和可靠性。

16.3 完善内部管理体系

每一家公司都应该有完善的内部管理体系，以优化决策流程，提高管理效率，保证董事会、股东会、监事会等组织的作用可以充分发挥出来。如果有必要，公司还可以安排独立董事，他们的职责是对公司的决策是否准确进行独立判断。

16.3.1 妥善处理董事会事宜

董事会负责决定公司的经营方针和日常事务，执行重大事项，监督公司的经营与发展。为了让董事会在公司中发挥更大的作用，规范董事会的议事流程，制定健全的议事规则很有必要。

1. 召开会议

（1）召集人选择。

根据公司章程的规定，董事长或执行董事通常负责召集会议。如果董事长或执行董事无法行使职权，则其指定的董事可以代其召集会议。

（2）通知时间及内容。

董事会会议的通知时间一般为提前 7~14 天，但也可以根据公司的具体情况而定。董事会会议的通知内容包括会议的地点、议程和要求出席的人员名单等。

（3）通知方式。

董事会会议的通知方式有很多，如邮件、传真、电话、微信、钉钉等。为了保证通知到位，有些公司会同时使用多种通知方式。

2. 会议议程

（1）议题的提出。

董事会会议的议题一般由董事长或执行董事提出，其他董事也可以提出议题，高级管理人员则可以向董事会提供建议。

（2）议题的确定。

公司应该提前确定董事会会议的议题，将其列入议事日程。在确定议题时，公司需要对议题的重要性和紧迫性进行综合评估，并充分收集董事会的意见和建议。

（3）决策的程序。

董事会做出决策必须遵循既定的程序，包括听取报告、发表意见、讨论、表决等。决策一般采用投票表决的形式，获得半数以上董事会成员的同意方可生效。不过，也有一些公司规定决策必须获得特定董事会成员的同意才能生效。

3. 会议内容记录

（1）记录方式。

董事会会议的内容一般由会议记录员负责记录，可以使用录音、笔记等记录方式。

（2）保存和公示。

会议内容记录应该保存在档案中，并根据需要在内部公示或通知相关人员。

4. 保密和公开

（1）保密原则。

董事会会议的内容属于重要机密，董事长、执行人员、会计师事务所、律师事务所等对会议内容必须保密。

（2）公开原则。

董事会会议的某些重要决策和信息必须对外公开，董事会应该认真履行信息披露义务，确保市场公平。

5. 会议效果

董事会会议的效果直接关系到公司的发展和利益。因此，公司要鼓励董事会成员在会议中充分发表个人意见，并尊重他人意见。另外，维持董事会会议的秩序，充分收集有价值的建议和意见也非常重要。

16.3.2　通过股东会会议商议重大决策

股东会会议对公司来说是很重要的会议，一般每年举办一次，由董事长主持，出席会议的股东就重大事项进行讨论、做出决策。

1. 会议主席

股东会会议的主席由董事长或执行董事担任。如果董事长或执行董事因故不能担任主席，则应该从会议出席人员中选举一名董事会成员担任主席。

2. 会议召集

股东会会议通知书应该在法定期限内，经过董事会的决议，由董事长或执行董事签署并加盖公章，同时要在公司的官网及报纸等媒体上发布。

3. 会议审议程序

（1）按照议程对议案进行逐项审议。

（2）按照法定程序对每项议案进行表决。

（3）如果会议中提出的问题涉及保密信息或商业机密，则应该及时采取保密措施。

4．投票方式

（1）现场投票：参会股东可以通过投票的方式参与会议表决。

（2）委托代理投票：股东可以将自己的表决权委托给他人代为行使。

5．议案的确定

股东会会议的议案应该有明确性、合规性等特点，同时应该遵守《公司法》，以及公司章程、监事会议事规则、内控制度等的规定，这样可以保证股东会有效地行使监督和决策职能。

6．会议记录

股东会会议的记录应该在会议结束后及时整理并归档。同时，会议记录也是日常管理工作的重要文件之一，其内容必须全面、真实、准确。

还有很重要的一点是，重大人事任免和经营决策必须经过股东会会议的批准才有效。

16.3.3　在内部建立监事会

监事会是重要的监督管理机构，负责对公司的经营活动进行监督。为了提高监事会的管理水平，保证监事会的工作效率和监督能力，公司应该建立完善的监事会议事规则。

1. 会议召开

（1）召开方式。

监事会会议可以采取现场会议、电话会议、视频会议等方式召开。无论采取什么方式，都应该事先通知所有监事会成员，并确保监事会成员均能参加会议。

（2）会议主持。

由监事会主席或副主席主持会议，并维护会议的正常秩序、执行议事流程。

（3）会议记录。

由秘书或专职人员记录会议内容，包括会议的时间、地点、主持人、出席人员、审议议题和决策结果等。

2. 议事程序

（1）审议议题。

议题由主席和秘书事先拟定，并将议题与会议通知一起发送给监事会成员。议事程序必须公平、公正，保证每一位监事会成员都可以提出议题。

（2）议题讨论。

对于每一个议题，监事会成员都应该充分发表意见，并广泛听取各方的建议。各方在讨论议题时需要严格遵守程序，发言应该有序、克制、公正，并予以记录。

（3）决策程序。

监事会会议的决策一般采取表决制度，有关监督事项的决策应该以少数服从多数为原则。

3. 决策执行

对于通过决策的监督事项，监事会应该及时向董事会和管理层汇报，确保决策顺利执行。如果董事会和管理层对决策有异议，则应该在合理的范围内与监事会协商，以形成最终的执行方案。

16.3.4　必要时，安排独立董事

独立董事可以在法律法规允许的范围内，独立判断公司的决策是否合理、可行，为公司提供独立意见。

在公司中，独立董事的作用很大，主要体现在监管、咨询、问责方面。

（1）监管作用。独立董事是董事会的重要监督者，可以对公司的财务、业务等情况进行监督和检查，保障创始人、股东、投资者的合法权益。

（2）咨询作用。独立董事不仅需要在做决策时提出自己的意见和建议，还需要在经营和管理方面为公司提供专业咨询，促进公司的可持续发展。

（3）问责作用。独立董事需要对决策的后果承担相应的问责责任，这可以促使他们在做决策时更谨慎。

公司应该如何安排独立董事？主要有以下三个关键点。

（1）在董事会中设置独立董事席位。

（2）制定独立董事选拔标准，如拥有特定的专业能力、与公司没有利益冲突等。

（3）通过网络等方式进行广泛招募，选出合适的独立董事候选人。

总之，独立董事对公司的发展有重要意义。公司应该根据自身实际情况制定相应的设置方案，并加强对独立董事的考核和问责，以保证独立董事的独立性。

16.4 必不可少的再融资战略

对创业者来说，融资是一门"终身课"。对于每一轮融资，创业者都需要一段时间与投资者接洽和磨合。因此，创业者应该未雨绸缪，尽快制定再融资战略，提前为下一轮融资做好准备。

16.4.1 在资本市场上公开发行新股

对于发行新股，《证券法》第十二条第一款和第二款规定：

公司首次公开发行新股，应当符合下列条件：

（一）具备健全且运行良好的组织机构；

（二）具有持续经营能力；

（三）最近三年财务会计报告被出具无保留意见审计报告；

（四）发行人及其控股股东、实际控制人最近三年不存在贪污、贿赂、侵占财产、挪用财产或者破坏社会主义市场经济秩序的刑事犯罪；

（五）经国务院批准的国务院证券监督管理机构规定的其他条件。

上市公司发行新股，应当符合经国务院批准的国务院证券监督管理机构规定的条件，具体管理办法由国务院证券监督管理机构规定。

如果公司计划发行新股，则应该提前将必要的文件准备好，包括营业执照、公司章程、股东会决议、招股说明书、财务报告、代收股款银行的名称及地址、承销机构的名称及有关的协议、保荐人出具的发行保荐书等。

公司发行新股的方式一般分为三大类：非增资发行与增资发行、公开发行与不公开发行、通常发行与特别发行。

1．非增资发行与增资发行

非增资发行是指公司基于公司章程所规定的资本金总额的限制，为了募集资金而发行新股，这种发行方式并未增加公司的资本金；增资发行是指以增加资本金为目的而发行新股。

2．公开发行与不公开发行

公开发行是指公司面向社会大众发行新股；不公开发行是指公司面向特定主体发行新股。一般来说，公开发行的程序比不公开发行的程序更严格。

3．通常发行与特别发行

通常发行是指以筹集公司创始资金或扩大生产所需资金为目的而发行新股；特别发行是指为了将公积金转化为资本或将可转换公司债转化为股权而发行新股。

16.4.2　发行公司债券

公司债券是指公司在一定时期内为增加资本金而发行的借款凭证。债券持有人虽无权参与公司的经营与管理，但每年可依据票面规定向公司收取固定的利息，且收息先于股东分红。换言之，即使公司破产清算，债券持有人也可以优先收回本金。

《证券法》第十五条规定：

公开发行公司债券，应当符合下列条件：

（一）具备健全且运行良好的组织机构；

（二）最近三年平均可分配利润足以支付公司债券一年的利息；

（三）国务院规定的其他条件。

公开发行公司债券筹集的资金，必须按照公司债券募集办法所列资金用途使用；改变资金用途，必须经债券持有人会议作出决议。公开发行公司债券筹集的资金，不得用于弥补亏损和非生产性支出。

上市公司发行可转换为股票的公司债券，除应当符合第一款规定的条件外，还应当遵守本法第十二条第二款的规定。但是，按照公司债券募集办法，上市公司通过收购本公司股份的方式进行公司债券转换的除外。

此外，公司发行债券还需要向国务院授权的部门或国务院证券监督管理机构提交一些文件：公司营业执照、公司章程、公司债券募集办法、国务院授权的部门或国务院证券监督管理机构规定的其他文件。如果公司聘请保荐人，则还需要报送保荐人出具的发行保荐书。

16.4.3　发行金融债券

金融债券是指由银行等金融机构发行的债券。在欧美国家，这种债券归属于公司债券，但在我国，它被称为金融债券。这种债券可以有效解决金融机构资金不足和期限不匹配的问题，因此受到广泛欢迎。

金融机构的资金来源主要有三种：存款资金、向其他机构借款和发行金融债券。存款资金在市场动荡时可能不稳定，而向其他机构借款多为短期资金，无法满足金融机构的长期投融资需求。发行金融债券则能够较好地解决上述问题，可以为金融机构提供稳定的资金来源，且期限更能满足金融机构的资金需求。

金融债券有多种分类方式，常见的分类方式有以下两种。

（1）根据利息支付方式的不同，金融债券可以分为附息金融债券和贴现金融债券。附息金融债券附有定期支付的利息，而贴现金融债券则以低于面值的价格发行，到期按面值支付，利息为发行价与面值的差额。

例如，某公司发行贴现金融债券，每张的面值为 100 元，期限为 1 年，发行价为每张 90 元。到期后，该公司需要支付给投资者每张 100 元，投资者的收入为每张 10 元，其实际年利率为 10%。

（2）根据发行条件的不同，金融债券可以分为普通金融债券和累进利息金融债券。普通金融债券按面值发行，到期一次还本付息，类似银行的定期存款，只是利率更高。累进利息金融债券的利率随时间变化，一年比一年高，投资者可随时兑付并获得相应的利息。

例如，某公司发行面值为 100 元、期限为 4 年的累进利息金融债券，第一年的利率为 8%，第二年的利率为 10%，第三年的利率为 12%，第四年的利率为 14%。投资者可以在第一年至第四年之间随时去银行兑付，并按照规定利率获得利息。

除了上述分类方式，金融债券还可以根据期限长短、记名与否、担保情况、能否提前赎回、票面利率是否变动、发行人是否给予投资者选择权等进行分类。

具体来说，金融债券可以根据期限长短分为短期金融债券、中期金融债券和长期金融债券；根据记名与否分为记名金融债券和不记名金融债券；根据担保情况分为信用金融债券和担保金融债券；根据能否提前赎回分为可提前赎回金融债券和不可提前赎回金融债券；根据票面利率是否变动分为固定利率金融债券、浮动利率金融债券和累进利率金融债券；根据发行人是否给予投资者选择权分为附有选择权的金融债券和不附有选择权的金融债券等。

这些分类方式可以帮助投资者更好地理解和选择适合自己的金融债券产品。

16.4.4　适量发行短期融资券

短期融资券是指公司面向各类金融机构发行的债券，不面向社会公众发行。作为有价证券，它需要在约定的期限内偿还本金并支付利息。

根据发行方式的不同，短期融资券可以分为由经纪人代销的融资券和直接销售的融资券；根据发行人的身份差异，短期融资券可以分为金融企业发行的融资券和非金融企业发行的融资券；根据发行和流通的地域范围不同，短期融资券可以分为国内融资券和国际融资券。

发行短期融资券需要遵循一系列法规，如《银行间市场清算所股份有限公司债券登记托管、清算结算业务规则》《银行间债券市场非金融企业短期融资券业务指引》等。其申请条件如下。

（1）是在中华人民共和国境内依法设立的企业法人。

（2）偿债资金来源稳定，最近一个会计年度盈利。

（3）流动性良好，具有较强的到期偿债能力。

（4）发行融资券募集的资金用于公司的生产经营。

（5）近三年没有违法和重大违规行为。

（6）近三年发行的融资券没有出现延迟支付本息的情况。

（7）具有健全的内部管理体系与募集资金的使用偿付管理制度。

（8）中国人民银行规定的其他条件。

短期融资券的发行条件如下。

（1）发行人是在中华人民共和国境内依法成立的企业法人，须经过在我国境内工商注册且具备债券评级能力的评级机构完成信用评级，并将评级结果向银行间债券市场公示。

（2）发行和交易的对象为银行间债券市场的机构投资者，不面向社会公众发行和交易。

（3）融资券的发行可以由符合条件的金融机构承销，如果公司自行销售融资券，则必须经过证监会的批准并获得证券业务资格，而且发行融资券募集的资金要用于本公司的生产经营。

（4）上海清算所是中国人民银行指定的登记托管、清算结算机构，通过电子簿记的方式为各类债券发行人提供登记、信息披露、代理付息兑付服务，为债券持有人提供托管、交易结算、债券估值服务。

（5）融资券在债权债务登记日的次一工作日，便可在债券市场的机构投资者间流通转让。

16.4.5　数字化时代的互联网金融

互联网金融在我国的发展不过几十年的时间，大致可以分为三个阶段：1990—2005 年的金融行业互联网化阶段，2005—2011 年的第三方支付迅猛发展阶段，2011年以后的互联网实质性金融业务发展阶段。

在发展的过程中，互联网金融领域出现了一种新型的融资模式——在网上发起股权众筹。股权众筹是指以预购的形式向网友募集资金，这为很多有创意、无资金的创业者提供了宝贵的融资机会。例如，"罗辑思维"曾通过股权众筹获得融资。

"罗辑思维"是一个大型互联网知识社群，产品包括微信公众号、知识类脱口秀、微商城、贴吧等，由自媒体人罗振宇运营。"罗辑思维"倡导以独立、理性的思维方式思考问题，聚集了一批积极向上、人格健全、拼搏上进的年轻人。

"罗辑思维"的 B 轮融资就是通过股权众筹获得的。B 轮融资的领投人为中国文化产业投资基金，启明创投跟投，一些行业大佬也参与了"罗辑思维"的股权众筹。华兴资本担任此次融资的独家财务顾问，为"罗辑思维"提供财务方面的帮助。

即使参与人数众多的股权众筹，"罗辑思维"也能获得行业大佬的青睐，原因是什么？很重要的一点是"罗辑思维"的内容生产和导流能力强。内容是移动互联网时代最大的流量来源。"罗辑思维"是一个老牌的内容社群，粉丝量一直持续稳定增长。而这些忠诚的粉丝都是依靠"罗辑思维"生产的原创内容来维系的。

以中国文化产业投资基金为代表的投资者正是因为看中了"罗辑思维"的内容输出能力才投资的。它们深知内容消费、社群经济，以及中等收入群体消费升级是未来经济的主要增长点。而"罗辑思维"牢牢地把握住了这些增长点，巩固了自己在行业中的领先地位。

另外，"罗辑思维"还在社群电商方面展现出强大的拓展能力和想象空间。在短时间内，"罗辑思维"发展成巨大的知识传播平台，其盈利能力毋庸置疑，因此它能够顺利完成股权众筹。

在互联网金融时代，股权众筹让公司有了更多的融资选择。但无论是新型的股权众筹，还是传统的股权融资，都需要公司有足够强的竞争力。公司可以从行业地位、商业模式、盈利能力、发展前景等方面入手不断提升自身的竞争力。

反侵权盗版声明

电子工业出版社依法对本作品享有专有出版权。任何未经权利人书面许可，复制、销售或通过信息网络传播本作品的行为；歪曲、篡改、剽窃本作品的行为，均违反《中华人民共和国著作权法》，其行为人应承担相应的民事责任和行政责任，构成犯罪的，将被依法追究刑事责任。

为了维护市场秩序，保护权利人的合法权益，我社将依法查处和打击侵权盗版的单位和个人。欢迎社会各界人士积极举报侵权盗版行为，本社将奖励举报有功人员，并保证举报人的信息不被泄露。

举报电话：（010）88254396；（010）88258888

传　　真：（010）88254397

E-mail：dbqq@phei.com.cn

通信地址：北京市万寿路173信箱
　　　　　电子工业出版社总编办公室

邮　　编：100036